世界で一番わかりやすい
おいしいお酒の選び方

山口 直樹

ディスカヴァー
携書
169

ガイダンス

できればおいしいお酒「だけ」を飲みたいあなたへ

あなたは、ワインや日本酒が好きですか？

おそらく本書を手にとられている方は、ほとんどが「イエス」、もしくは「嫌いじゃない」と答えるのではないでしょうか。

では、次の質問です。あなたは、ワインや日本酒に「詳しい」ですか？

……おそらく、自信を持って「イエス」と答えられる人は、ほとんどいないはずです。

「お酒は好き。でも『お酒、好きなんですか？』と言われると『いや、ぜんぜん詳しいわけじゃないんですけどね、ははは』と、聞かれてもないのに言い訳してしまう」
「ワインリストを渡されると、無難に真ん中らへんにあるワインを選んじゃう」
「店員さんに味の感想を求められると、『おいしい』以外に気の利いたことが言えなくて気まずい……」

僕はお酒に関わる仕事をするなかで、こういう「詳しくないから、お酒を楽しめない」という声をたくさん聞いてきました。そしてそのたびに、「もったいない！」と歯がゆい思いをしたものです。

なぜか？

おいしいお酒を選ぶのに、詳しくなる必要はまったくないからです。必要なのは、本当に少しの知識と、シンプルなルールだけ。

この本ではお酒を選ぶために「絶対に」必要な情報だけを整理し、プロやマニアだけが知っていればいいようなウンチクは徹底的に省いています。

むずかしい「お勉強」など一切抜きで、

・誰でも、どんなお店でも、堂々とセンスよくお酒を注文できるようになる

・「あ〜あ、失敗した」と後悔することも、値段やマナーにドキドキすることもなくなる

・しかも、ワインも日本酒も、カクテルの選び方まで、たった1冊で全部わかる！

そんな魔法みたいな本をつくりたくて、今回筆をとりました。

本書が目指すのは、次の2つのゴールです。

ゴール①…お酒における「自分の好み」を知ること
ゴール②…店員さんとコミュニケーションを取り、おいしいお酒を「選んでもらえる」ようになること

まず、ゴール①。世の中には「誰が食べても絶対的においしい」食べ物なんて存在しません。たとえば、ステーキ。サッパリした赤身の肉が好きな人もいれば、サシの入ったコ

テコテの肉が好きな人もいますよね？　でも、「赤身が好きな人のほうがツウ」と上下をつけるような無粋なことはしないはずです。だって、どちらが好きかは人や年齢による「好み」ですから、当然ですよね。

同じように、ワインや日本酒にも「好み」があるのは当たり前です。

サラサラとした水のような日本酒が好きな人もいれば、はじめての人には飲みづらいくらい香りが強い日本酒を好きな人もいる。これも、「どちらが格上」という話ではありません。あくまで、好き嫌いの話なんです。

これは、言い換えれば、**誰にでも「自分にとって」おいしい味があるということ。**自分の好みを知らないままに「オススメ」と書いてあるお酒を頼んでも、「自分にとって」おいしいお酒に出会うことはむずかしいということです。

まずはワインや日本酒について自分の好みを知り、メニューからそのお酒を選び出せるようになる。これが、最初のゴールです。

ただし、そのとき行ったお店に、必ずしも自分の「これが好き！」というワインや日本酒が置いてあるとはかぎりません。そのお店のジャンル（フレンチ、イタリアンなど）も影響しますし、そもそも、どれだけ勉強したところで、「知らないブドウの品種」や「聞いたことのない日本酒」がなくなることはないでしょう。

でも、安心してください。それは、ゴール②の「**おいしいお酒を選んでもらえるようになる**」ことで解決します。よくわからないまま、なんとなく注文していては、いつまで経ってもおいしいお酒には辿り着けません。潔く「他力本願」し、店員の助けを借り、好みのお酒を見つけてもらいましょう！

ここで必要なのが、**自分の好みや気分を伝える言葉。**ただ「おいしいワインをくださ い！」と頼むのは、自分の好みも伝えずに「誰かいい人紹介してよ！」と言っているようなものです。逆に、どんな人――もとい、どんなお酒が飲みたいのかさえ伝えられれば、自分の好みのお酒と出会える確率は格段に高まります。

どうせ覚えられない銘柄や品種を丸暗記しようとするより、こっちのほうがずっと応用が利くと思いませんか？

最後に、簡単ですが自己紹介させてください。

僕は高校在学中のアルバイトで飲食店のおもしろさに目覚め、「かっこいい！」というシンプルな理由から夏休みにはバーテンダースクールへ通い（20歳以下でも通えるんです）、そのままバーテンダーとしてのキャリアをスタートさせました。

転機は2年後。ホテルのバーテンダーになるための専門学校で出会ったワインの先生に惚れ込み、ワインの楽しさに目覚めます。イタリアン、スペインバル、フレンチレストランを転々とした僕は、気づけば食事とワインの組み合わせの妙にすっかりハマっていました。

さらに大きな転機は7年前、27歳のとき。ソムリエの田崎真也さんが、世界チャンピオンになったあとも、外国人から聞かれるのはワインではなく「お前の国の酒」、つまり日本酒のことばかりだったというエピソードを聞き、衝撃を受けました。ソムリエである前に日本人である以上、自分の国の酒である日本酒に精通していなければダメなんじゃないか——。

その気持ちを抑えきれず、思い切って日本酒の道に。いまは日本酒のプロ、酒匠《さかしょう》として北信越料理の店の支配人を務め、お客様からは「いままで知らなかったおいしい日本酒に出会えた」「ここに来れば好みの日本酒を提案してもらえる」といったお言葉を日々いただいています。

長くなってしまいました。何が言いたかったかというと、僕はカクテルもワインも日本酒もカバーしている「お酒のプロ」だということです。ワインのおいしさや日本酒の楽しさ、そしてカクテルのおもしろさを1冊で伝えるのには、適任ではないでしょうか？

個人的な願いではありますが、読者のみなさんには本書を通じてあらゆるお酒を好きになってほしいと思っています。とくにワインと日本酒は、「どちらかしか飲まない」なんてもったいない！　ワインが好きなら絶対に日本酒が好きになれるし、その逆もまた然りなんです。

そういう意味では「ワインだけでいいんだけど……」「日本酒は好きだけどワインは……」という人にこそ「読んでよかった！」と言ってもらえる自信があります。

本書ではこむずかしいお話は一切しません。一部のウンチク屋によってハードルが高くなってしまったお酒ですが、本当に必要な知識は、多くの人が思うよりずっと少ないのです。

シンプルなルールさえ身につければ、プロのように詳しくならなくても、お酒の世界はもっともっと楽しめます。

この本で、お酒に詳しくないことへのちょっとした「劣等感」や「気後れ」は、キレイさっぱり洗い流してください。読み終わったら、きっと誰の前でも胸を張って堂々とこう言えるはずです。

「私、お酒が大好きです！」と。

世界で一番
わかりやすい
おいしい
お酒の選び方

目次

ワイン選びは「品種」こそすべて　48

わかったようでわからないワイン界の「脇役」たち　87

② 店飲み編

③ 宅飲み編

第2章 おいしい日本酒の選び方 155

①基本編

日本酒選びは「翻訳」すればカンタンだ　172

② 店飲み編

③ 宅飲み編

第3章 おいしいカクテルの選び方 233

実際にお酒を選ぶ場面で役立ててもらえるよう、本書で登場する表やチャートを下のQRコードにアップしました。ぜひ、スマホに入れてお店に連れて行ってみてください。

友だちに送ったり、SNSへアップしたりするのももちろん大歓迎です！

#おいしいお酒の選び方

第1章

おいしいワインの選び方

Wine

①基本編
②店飲み編
③宅飲み編

①基本編

軸を持っていれば、おいしいお酒「だけ」を飲めるようになる！

いま酒屋さんやスーパーのお酒売り場、飲食店のメニューを見ると、ビールだけでなくワインやシャンパン、日本酒や焼酎、ウィスキーなどたくさんの種類のお酒が並んでいます。

でも、こういう状況になったのはごく最近のこと。一昔前までは、「最初から最後までずっとビール」「選択肢が『赤』か『白』しかないワイン、『燗』か『冷』しかない日本酒を飲む」のが普通でした。
たいしておいしくもない、甘いだけのワインや辛いだけの日本酒を「流行っているから」といって飲む。そんな、乏しいお酒文化しかなかったのです。

僕は、お酒を飲むときにたくさんの選択肢があるいまの世の中は、とてもすばらしいと思っています。大げさに聞こえるかもしれませんが、この時代に生まれてよかった！とすら思うのです。

その一方で、選択肢が増えたことでお酒が「わからない」という人も増えてきました。ワインも日本酒も、ビールに比べてどうもとっつきづらい。覚えるべきことが多そうだ。何度飲んでも、よくわからない……。

せいぜい「キリン」と「アサヒ」のどちらのビールにするか、くらいしか悩むことがなかった時代といまでは、悩みの深さが違うのです。

でも、「よくわからない」さえ払拭すれば、お酒を楽しむのにこれ以上ない時代。せっかくなら、おいしいお酒「だけ」を飲みたいと思いませんか？

そのために押さえておきたいのが、最低限の「軸」です。

たとえば、どの映画を見ようか考えるとき、みなさんも無意識に「映画鑑賞の軸」を使っているはずです。邦画が好きか、洋画が好きか？　アクション映画が好きか、ロマンス映画が好きか？　最近では2Dか3Dか、といった軸もありますね。よほどの映画好きでなければ、こうした軸を無視してふらりと映画館に入ることはないでしょう。

お酒も同じで、まずは自分の「好みの軸」を意識することが大切です。赤ワインが好きか、白ワインが好きか？　酸味が強いほうが好きか、弱いほうが好きか？　純米酒が好きか、本醸造酒が好きか？　――こういった**軸を持っていると、お酒選びはとてもシンプルでカンタンになります**。逆に、行き当たりばったりにお酒を選んでいては、なかなか「おいしい！」にめぐり合う確率を上げることができないのです。

◉ワインに「つまずかない」ためのポイントは3つだけ

本章では、ワインのおいしい選び方、店員とのコミュニケーションのコツをお伝えしていきます。なんだかワインに気後れしちゃうという方も、本章を読み終わった瞬間から、迷わず、外さず、自信を持って楽しくオーダーできるようになることをお約束しましょう。

いまはまだ、「何がわかっていないのかわかっていない」状態ではないかと思います。いざワイン選びに入る前に、ワインに対するモヤモヤとした「なんだか怖い」の正体を明らかにするところから始めましょう。

僕の経験上、ワインに気後れしている人は、ざっくりと次の3つのポイントでつまずいています。

① なにが「おいしい」のかよくわからない
② ワインを表現する言葉の意味がよくわからない
③ 何を基準に選んでいいのかよくわからない

どれかひとつは心当たりがあるのではないでしょうか？　では、この3つのモヤモヤをひとつずつ解きほぐしていきましょう。

①なにが「おいしい」のかよくわからない

「ワインがよくわからない理由」を掘り下げていくとみなさん口を揃えるのが、この悩み。メニューでオススメされていたり、なにかの賞を受賞していたから飲んでみたけれど、おいしいような、そうでもないような……なんてこと、ありませんか？

まず、大前提。人の味覚は十人十色です。ガブガブ飲める1000円のワインが好きな人もいれば、1本10万円のワインにうっとりする人もいる。ボジョレー・ヌーボーのようにフレッシュなワインが好きな人もいれば、長い年月をかけて熟成させたワインが好きな人もいる。これは個人の好みの話で、どちらが上等な舌を持っているといった上下関係があるわけではありません。

ただし傾向としては、**ワイン慣れするほど、そして年を取るほど、いろいろな味を含む複雑なワインを好きになっていくと言えます。**味覚はだんだんと変化していくのです。

とくに「渋味」や「苦味」、そして「酸味」は、大人になるにつれだんだんと好きになっていくもの。子どものころを思い出してください。渋いお茶や苦いレバー、酢の物が嫌いではありませんでしたか？　これには本能的な理由があって、渋味や苦味は「毒の味」で、酸味は「腐ったものの味」だからなんですね。身体が本能的に受け付けないわけです。

一方、子どもは甘いものが大好き。これは、「毒ではない」と脳が認識しているからです。「甘いお酒が好き」と言うとなんだか素人っぽいイメージを持たれがちですが、生物としては純粋に正しい味覚と言えます。

ただし、僕たち人間は「毒の味」や「腐ったものの味」を食べ続けることで、だんだんと舌がマヒしていきます。その結果、味として識別できるようになる。「毒ではない」を経て、最終的には「おいしい」と認識できるようになっちゃうわけです。

つまり、**初心者がフレッシュでジューシーな大味のワインをおいしいと感じ、ワインに親しんだ上級者ほど渋味や苦味を含んだ複雑な味を好きになっていくのは、自然なことな**

んですね。老化が進んだり舌がマヒしていくほど、複雑味や熟成を楽しめるようになる……というとちょっと切ないけれど、だからこそワインは大人の楽しみと言えるのかもしれません。

個人の好みはもちろん、「ワイン慣れ」によっても「おいしい」は変化していきます。これからたくさんのワインを飲むうちに、あなたの「おいしい」もどんどん変わっていくはず。ですから、ワインに詳しい人が「おいしい」と言うワインを、無理においしいと思う必要はないのです。

② ワインを表現する言葉の意味がよくわからない

ワインがよくわからない理由、2つ目は「言葉」の問題です。

みなさん、ソムリエやワインマニア特有のトークを見聞きしたことはありませんか？「干し草の香りが鼻に抜けるね」とか「このワインのテロワールは」とか。ちょっと意味がわからないし、なんだか入っていきづらいですよね。

でも、こういった言葉が使えなくても、全然気にする必要はありません。だって、初デートで相手が「干し草となめし皮の香りが鼻を抜け、ブルゴーニュの大地が見える……」なんてワケのわからないことを言っていたら、ドン引きしませんか？「おいしい！」「これ、軽くて料理に合うね」「うわ、渋いけどクセになる」と素直に言ってくれたほうがよほど楽しく飲めるのに、と残念に思うはずです。

そう、ワインを楽しむために、専門用語は不要。「おいしい」とか「好き」で十分なんです。それで「素人っぽい」とか「バカっぽい」と思われることはありません。

ただし、店員さんにおいしいワインを選んでもらうために、知っておくと便利な言葉はいくつかあります。それは、「干し草の香り」といった高尚な表現ではありません。**味の指針になる、「甘い」「辛い」「渋い」「サッパリ」といった感じの、気取っていない言葉たちです。**

これらの「指針になる言葉」を知っておくだけで、店員さんの説明がもっと理解しやすくなり、会話も楽しいものになります。海外旅行に行くとき、とりあえず「おはようございます」や「いただきます」といった挨拶を一通り覚えるように、ほんの少しの「ワイン界の共通言語」を扱えるだけで、ぐっとコミュニケーションが取りやすくなるんです！

しかも、言葉がわかれば味の理解も深まります。飲みながら「あ、これが複雑な味なんだな」と納得できるようになると、俄然ワインが楽しくなってくるはずです。

逆に言えば、ワインをむずかしくしているひとつの要因が、「わかるようでよくわかっていない共通言語」と言えるかもしれません。言葉自体は「甘い」「辛い」「渋い」と易しいからなんとなく理解しているような気になるけれど、じつは人によって違うイメージを持ちがちなのです。

たとえば「お金持ち」という言葉ひとつとっても、かたやビル・ゲイツのような世界的な富豪を思い浮かべ、かたや近所のかかりつけのお医者さんを思い浮かべていたら、会話に齟齬が生まれますよね。

そんなコミュニケーションの齟齬が起こらないよう、いまさら人に聞けないワイン界の共通言語をあらためて確認していきましょう。

◉これだけ知っておけば恥をかかない！　ワイン界7つの「共通言語」とは？

（1）複雑

ブドウ以外のいろいろな味（樽や動物、鉄などの本来ブドウから出るはずのない味や香り）がするワインは、「複雑」と言われます。複雑さは、**つくられてから時間が経ったり、樽で熟成させたり、何種類かのブドウを混ぜてつくることで生まれます。**簡単に言えば、出来上がってから1週間後より1年後、2種類のブドウを使ったワインより6種類のブドウを使ったワインのほうが、より複雑な味わいになるということですね。

わかりやすいところでは、日本でブーム化していたボジョレー・ヌーボー（ブルゴーニュ地方のボジョレー地区で、その年収穫されたブドウでつくられたワイン）は、複雑とは真逆の味です。ボジョレー地区のヌーボーは必ずガメイというブドウ1種類のみでつくられ、かつ時間的にも熟成させずにすぐに出荷しますから、複雑になりようがないわけですね。ボジョレー・ヌーボーは、ブドウならではの味と香りがそのまま表れた、シンプルな味。まさに「ブドウ酒」と呼ぶのがぴったりな、ガブ飲みワインです。

こう言うと、複雑なワインは複雑ではないワインよりツウな感じがしますよね。実際、複雑なワインのほうが上級者向けなのは間違いありません。でも、どちらが好きかは好みの問題だし、複雑さがちぐはぐに出てしまえばただのマズいワインです。高級ワインには複雑な味のものが多いですが、**「複雑な味＝高級ワイン」は大間違いだということは、はっきり言っておきたいと思います。**

(2) 重い⇕軽い

主に赤ワインで使われる言葉です（白ワインは甘さや酸味の種類で表現します）。

重さは、文字どおり味ではなく触感を指します。**口に入れたときに舌に乗っかる感じがしたら「重い」、さらりと流れたら「軽い」。**それぞれ、別名「フルボディ」「ライトボディ」と呼びます。

あえて味の違いを表すと、いろいろな要素が混ざった「重い」ワインはコクが強く、逆に「軽い」ワインはフレッシュでフルーティと言えます。

す。

（3）渋味（タンニン）

こちらも赤ワインで使われる言葉です。赤ワインの好みを分ける、重要な要素になります。

渋味は、タンニンの量によって決まります。口に入れたとき、歯茎がぎゅっと引き締まる感覚がしたら「タンニンが強いワイン」（実際、タンニンは唾液と結びつく性質があるので、物理的にぎゅっと締まる感じがするんです）。飲みにくさにもつながるので、初心者には苦手な人が多いですね。

ただ、渋味にはお肉の脂をリフレッシュしてくれる効果もあるため、**脂身の多いお肉料理にはタンニンの強いワインが欠かせません！** みなさんにも「赤ワイン＝肉に合う」イメージがあると思いますが、これはタンニンのおかげ。逆に言えば、渋味が強くない赤ワインを無理やり肉料理に合わせる必要はないとも言えます。

ちなみに、タンニンはもともとブドウの種に入っている成分です。ブドウの種を噛んでしまって、なんともいえない感じが口のなかに広がった経験、ありませんか？　そう、あれこそが「渋味」なのです。赤ワインは種や皮ごと発酵させるため、タンニンがワインにも滲み出てきます（白ワインをつくるときには種や皮を除くので、渋味は出ません）。

また、タンニンはブドウの種だけではなく「木」からも出ます。木？　そう、樽に入れて熟成させることでもタンニンが強くなるわけですね。渋味が苦手な人は、**「樽を使って熟成したワインです」と説明されたらすかさず「あ、じゃあ、渋味は強いんですか？」と聞いてみましょう。**ちょっと詳しそうな顔ができるうえに、苦手なワインを回避できます。

また、渋味が強いワインはざっくり「重いワイン」とイコールと考えていいでしょう。

（4）果実味・ジューシー・フルーティ

一緒くたにされがちなこの3つの言葉ですが、じつはそれぞれ次のような意味になります。

果実味＝ジューシー＝（ブドウ本来の）味
フルーティ＝香り

「果実味が豊か」や「ジューシー」は飲んだときに舌で感じる味、「フルーティ」はワイングラスから立ち上る香りや鼻から抜ける香りだと理解しましょう。香りはフルーティだけど味はジューシーじゃない、フレーバーティーのようなワインもあるということです。

(5) 樽の香り

樽香《たるこう》はチョコレートやコーヒー、少し焦げたトースト、プリンのカラメル部分などいろんな形で表現されますが、**要は香ばしさが特徴**です。

樽についてはは誤解している人が多く、大きな声で言いたいことがあります。

「樽で熟成=高級=おいしい」じゃありません!

とある有名な高級ワインに樽の香りがついていることから「樽の香り=高級ワイン」というイメージが世界中に広がり、造り手がこぞってワインを樽で熟成させ始めた時期がありました。熟成させるならまだマシで、とりあえず樽の香りをつけるためにステンレスタンクに木片(オークチップ)を入れる、なんてやり方も生まれたんです。

でも、樽の香りは無理やりつけたところでおいしいワインにはなりません。絶妙なバランスのワインだったのに、浮ついた樽の香りで台無し、なんてこともしばしば。「樽の香りが強いものをちょうだい」としたり顔で注文していると、樽の香りばかり強烈でおいしくないワインをつかまされてしまいかねないのです。

逆に、「樽を使ったワインはあんまり好きじゃない」という人は、オークチップを入れて無理やり香りをつけたちぐはぐなワインを飲んでしまった可能性もあるということ。信頼できる店を見つけ、樽でていねいに熟成させたワインを飲んでから、本当に樽の香りが苦手なのかどうか見極めてほしいと思います。

(6) 酸味

白ワインの酸味には、大きく分けて「ヨーグルトやヤクルトのようにまろやかな酸(乳酸)」と「熟していないリンゴのようにシャープな酸(リンゴ酸)」の2種類があります。

基本的に白ワインにはリンゴ酸が含まれているのですが、とくに「シャルドネ」という品種で酸味が強すぎる場合など、味をまろやかにするためにリンゴ酸を乳酸に変える「マロラクティック発酵」をほどこします(用語は覚える必要はありませんが、「まろやかな「まろらくてぃっく」ってなんだか記憶に残っちゃいますよね)。

同じ品種のブドウでも、ヨーグルトのような酸とリンゴのような酸で味わいはまったく違います。後から詳しく説明しますが、とくにシャルドネという品種を使ったワインはどちらの酸もありえるので、頼む前に確認しましょう。

(7) 上品

「上品な味」って、わかるようでわからないような代表的な言葉かもしれません。なぜわかりづらいかというと、「上品」という言葉は、味そのものというよりも「出来映え」を表すものだから。品種を問わず、生産者の狙いどおりの上質なワインができたときに使われます。

全体的に渋味や酸味、甘味などのバランスがよく、まとまりがあるワインが「上品」。ですから、**上品イコールこんな味、と特定の具体的な味があるわけではない**のです。「上品」という言葉を聞いたら、「うまくつくられた上質なワイン」という褒め言葉だと考えてください。

ここまでに挙げた7つの言葉が、まず覚えておくべきワイン界の「共通言語」です。

⑴複雑　⑵重い⇕軽い　⑶渋味（タンニン）　⑷果実味・ジューシー・フルーティ
⑸樽の香り　⑹酸味　⑺上品

ちなみにフランス語には、香りを表現するための言葉がたくさんあります。「なめし革」や「猫のおしっこ」など、日本人にはちょっと想像できないような表現ばかりです。

本当にワインに詳しくなりたいのであれば、ワインに詳しい人と一緒にテイスティングをしながら「なるほど、これが猫のおしっこの香りか……」と覚えるしかありません。でも、普通にお酒を楽しむだけなら、「重い」「ジューシー」「樽の香りがする」程度の言葉を知っていれば十分なんです。

そういえば、先ほどボジョレーの説明で、「複雑ではない」という回りくどい言い方をしていたことに気づきましたか？　なぜ「単純」と言わないのかと思いませんでしたか？

じつは、**ワイン界では、けなす表現は一切使ってはいけない**ことになっているのです。一瞬頭の中に悪口が浮かんでも、すべて肯定的な表現に直します。「デブ」ではなく「ふくよか」、「古くさい」ではなく「レトロ」と、あくまで褒めて加点していくのがワイン界のルールなんですね。

一方、日本酒のテイスティング評価は、かつて「減点方式」が主流でした。ちょっとでもおかしな主張をするとすぐに減点されてしまうため、水のようなサラサラとした無難な日本酒が高評価になる傾向があったのです。最近では、日本酒業界でも加点方式にして旨味や個性の強い酒を評価しようという流れになってきていますが、減点方式っていかにも日本らしいでしょう?

③ 何を基準に選んでいいのかよくわからない

「ワインがよくわからない理由」の3つ目は、要素の多さ。ワインのラベルには、次のような情報がぎっちりと書かれています。

①品種（フランスやイタリアのワインでは書いていないことも多い）
②産地
③ヴィンテージ（=ブドウの収穫年）
DON FLORES
2008
CABERNET SAUVIGNON
PUENTE ALTO・CHILE
18 92
750ML
BUENA BISTA
ALC 13.5%
④造り手
⑤輸入元（裏面に記載されている）

こういった情報がオシャレな英語やフランス語で書かれていると、「ものすごく仕事ができる帰国子女」を目の前にしたような威圧感があるんですよね。なんだか、劣等感を持ってしまうというか……。

さて、これらの情報を前に途方に暮れているみなさんに、朗報です。この5つの要素のなかで、ワインを選ぶときに、詳しくないうちは無視してもいい要素がいくつかあります。どれだと思いますか？

正解は、1つ目の「品種」以外、すべて。

「2000年のヴィンテージで……」「輸入元はどこどこで……」「フランスのロワール地方で……」なんていっさい気にしなくても、おいしいワインに出会うことはできるんです！　その理由をご説明しましょう。

まず、ヴィンテージ。これを追い求め始めると際限なくお金もかかってくるうえに、最近は年によってバラつきのない、安定したクオリティのワインをつくる技術が発達してきました。「この年はマズい」「この年はサイコー！」というワインが減ってきたのです。

また、造り手や輸入元をチェックするのは、やや上級者向けの楽しみ方。お気に入りの造り手や輸入元を持つとワイン選びも楽しくなりますが、メニューには記載されていないことのほうが多く、おいしいワインへの手がかりにはなりづらいと言えます。

さらに、産地（ここでの産地とは国ではなく、「ボルドー」など国内における特定の「地方」を指します）。ちまたでは「産地で話せたほうが玄人っぽい」と思われがちですが、それは「○○地方の○○川沿いの○○さんの畑のブドウを使ったワイン、ある？」などピンポイントで話せるほど詳しい場合のみ。そうでなければ、一口に「ボルドー」と言っても広大ですから、味に幅がありすぎて、参考にならないのです。

店員としても、「ボルドーワインが飲みたいです」と言われるより、「ガメイが好きなんです！」と品種を伝えてもらったほうが、より正確に好みを把握できます。

こう言うと「フランスワインとかチリワインっていうのも全部無視しなさいってこと？」と聞かれることがありますが、誤解を招かないように補足すると、同じ品種であれば、そのなかで「国」をチェックすべきときはあります。後ほど詳しく説明しますが、同じ品種のワインでも国によってコストパフォーマンスが違うからです。

では、なぜ品種こそがワイン選びの最大の軸になるのか。

その理由は、ワインの「つくり方」にあります。

本書ではワインと日本酒の選び方をメインに取り上げていますが、ワインと日本酒のつくり方でもっとも大きな違いは何だと思いますか？

それは、**「放っておいてもできるかどうか」**。

極論を言えば、収穫したブドウを発酵する環境で放っておけば、ワインになります。これはつまり、素材であるブドウの味がダイレクトにワインの味の差を生み出すということ。カベルネ・ソーヴィニヨンという品種でできたワインはそのままカベルネ・ソーヴィニヨンの味がするし、シラーという品種でできたワインはそのままシラーの味がするのです。

一方で、収穫した米を発酵する環境で放っておいても、日本酒にはなりません。日本酒をつくるためには酵母を入れたり、混ぜたり、熱を加えたりと、味を調整するための工程がとても多いのです。

「じゃあ、日本酒は米の品種であまり味に差がつかないってこと？」

ご明察！　日本酒は現状、ワインと違って「山田錦が好き！」と品種で「好き」を見つけるのはむずかしいのです。

ワインの味の大部分は品種で決まる。この大原則を理解するだけで、ワイン選びは一気にシンプルになります。

◉コスパを決める大事な要素

前ページで、「同じ品種なら国をチェックすべきときがある」というお話をしましたね。それは、主にコストパフォーマンスに大きな差があるからです。

ここで、そのコスパに影響する大きな傾向——旧世界と新世界（ニューワールド）についてカンタンに押さえたいと思います。

旧世界はフランスやイタリア、スペインなど、ワインづくりの歴史が長い地域を指します。ヨーロッパの国々は、ほとんどが旧世界と言えるでしょう。

一方のニューワールドは（旧世界と合わせて新世界と呼ぶほうがいいのかもしれませんが、味の特徴としてはカタカナ表記のほうがしっくりくるんです）、文字どおり、最近ワインづくりを始めた地域。長くて100年程度の歴史で、オーストラリアやニュージーランド、チリや南アフリカなど南半球に集中しています。北半球では、アメリカのカリフォルニアも有名ですね。

ニューワールドは一般的に土地や人件費が安いため、コスパのいいワインができやすいと言えます。旧世界はその逆で土地も人件費もかさみがちですから、予算が限られているときは避けたほうが無難です。

また、じつは同じ品種でも旧世界とニューワールドでは味が微妙に違います。**日照時間が短い旧世界のものは酸味が出やすく、逆に日照時間が比較的長いニューワールドにはジューシーで口あたりがよいワインが多い**傾向にあるのです。ですから**初心者にはコスパが**

よく、かつジューシーで渋みも少ないニューワールドのワインがオススメです。

また、旧世界と新世界にかかわらず、それぞれのブドウの産地の国民性と似たキャラクターのワインが多いのも、おもしろいところです。

たとえば、ドイツワイン。キリっと硬い酸が効いていて勤勉なイメージですが、ブドウづくりにまったく向いていない寒冷な土地でワインづくりに粛々と挑む、まじめな国民性とリンクします。

ほかにも、フランスワインは繊細で気高く、孤高の存在。スペインはみんなでワイワイ飲むのにぴったりな、親しみやすいジューシーさがウリ。アルゼンチンやチリ、ニュージーランドは天真爛漫でおおらかな味。……と、おそらくみなさんが抱いている国のイメージのままのワインがつくられています。ですから、国民性を思い浮かべつつ選ぶと、意外とハズさないんですよ。

では、日本はどうか？

日本は降水量が多いためにブドウが水膨れしやすいうえ、収穫時期を狙ったかのようにやってくる台風もある。なにより、土地がやせているほうが果実味は凝縮されるため、日本のように米や野菜が育つ豊かな土壌はブドウづくりに不向きです。

でも、雨の水を逃がすために傾斜がきつい土地を選んだり、水はけをよくするために畑のなかに土管を引いたりと、技術力で不利な条件をなんとかカバーし、最近では世界的にも評価されるワインがつくられるようになりました。まじめにコツコツ技術を磨きおいしいワインをつくっているのが日本……と考えると、これもまたお国柄かもしれませんね。

◉単一品種とブレンドって、どっちがいいの？

1種類のブドウからつくられるワインを単一品種ワイン、複数のブドウを混ぜてつくったワインをブレンドワインと呼びます。ブレンドは年ごとの味のバラつきを抑えるため、また、パンチが弱いブドウにパンチが強いブドウを混ぜて味を調整するために行います。

僕の肌感覚ですが、**日本人は必要以上に単一品種のワインを評価しすぎです！** おそらく「混ぜていない」ワインのほうが、なんとなく上等な感じがするのでしょう。でも、ブレンドはあくまで、よりおいしいワインをつくるためにするもの。**決して「味が劣っているブドウをごまかすためにブレンドした」わけじゃありません。**

もちろん、品種で自分の好みを判断したり、味を覚えたりするときには、単一品種のワインのほうがいいでしょう。いきなりブレンドから入ると、どの味がどのブドウのものなのかわかりませんからね。

でも、ある程度自分の好みがわかったら、どんどんブレンドにも挑戦してみてほしいと思います。ラベルやワインリストには、ブレンド比率の高いブドウの順番に名前が載っています。自分の好きな品種（もしくはそれに近いもの）が先頭に名前を連ねているワインを選べば、味の傾向が大きくズレることはないはずです。

Points!

- **まずは「品種以外すべて無視」でいい**
- **コスパで選ぶなら断然ニューワールドのワイン**

ワインリストのイメージ

まずは何より品種をチェック!

①銘柄　②国　③産地　④品種

White

NEW ZEALAND

Greywacke SB 14 [-Marlborough-]
グレイワッキ ソーヴィニヨン ブラン〈Sauvignon Blanc〉 3200

JAPAN

Toriivilla Imamura Cuvée Tradition Blanc 12 [-Yamanashi-]
トリイビラ イマムラ キュヴェ トラディション ブラン〈Koshu〉 4200

FRANCE

Dom. Gauby VdP des Côtes Catalanes Blanc V.V 11 [-Languedoc-Roussillon-]
ドメーヌ ゴビー コート カタラン ブラン
ヴィエイユ ヴィーニュ〈Macabeu, Grenache Blanc〉 5600

FRANCE

Closerie des Alisiers Chablis 1er Cru Montmains 14 [-Bourgogne-]
クロズリー デ アリズィエ シャブリ プルミエ クリュ モンマン
〈Chardonnay〉 8800

Red

SPAIN

Aldeanueva Los Senores Tinto NV [-Rioja-]
アルデヌエヴァ ロス セニョーレス ティント
〈Tempranillo, Grenache〉 2800

FRANCE

Dom. Chevrot Pinot Noir 13 [-Bourgogne-]
ドメーヌ シュヴロ ピノ ノワール〈Pinot Noir〉 3900

ITALY

Feudi del Pisciotto Missoni Cabernet Sauvignon 11 [-Sicilia-]
フェウーディ デル ピイショット
ミッソーニ カベルネ ソーヴィニヨン〈Cabernet Sauvignon〉 5900

FRANCE

Dom.Duroche Gevrey-Chambertin 11 [Bourgogne-]
ドメーヌ ドュロッシュ ジュヴィレ シャンベルタン〈Pinot Noir〉 8600

ワイン選びは品種こそすべて

◉たったこれだけ！　ブドウの品種は「赤5白3」でOK

ワインにとって、品種こそすべて。品種と味のイメージさえインプットすれば、ワイン選びは簡単です。

……と言っても、ワインに使われるブドウの品種だけでも、世界には200も300もあります。ヴィンテージまで含め、すべての品種や銘柄を覚えている人なんて地球上にいないでしょう（僕もイタリアの地ブドウはお手上げです）。

でも、心配ご無用。本書は、「ワイン博士」になることは目的にしていません。「四の五の言わずにとにかく覚えろ」なんて、鬼教官のようなことも言いません。

おいしいワインを選ぶために覚えるべき品種は、なんと**赤ワイン5種類、白ワイン3種**

類！　たったこれだけの品種を基準にすれば、ほかの300品種でつくられたワインを選ぶことだってできるのです。

赤

【ピノ・ノワール】
【カベルネ・ソーヴィニヨン】
【シラー】
【メルロー】
【テンプラニーリョ】

白

【シャルドネ】
【ソーヴィニヨン・ブラン】
【リースリング】

よく聞く名前もあれば、初耳だという品種もあるかもしれませんね。それぞれ、どんな味なのか？　この8品種を基本の軸として、自分の好みを見つけていきましょう。

◉赤ワインは「派閥選び」からはじまる

では早速、赤ワインから。

赤ワインはまず、大きく2つの「味の軸」があります。**「酸味」**と**「渋味」**です。この2つの軸の好みがわかりさえすれば、自分がどんな赤ワインが好きなのか判断することができます。1杯目を飲んだ後に**「これに比べて渋味（酸味）が強い（弱い）ワインがほしい」**と伝えれば、自分好みのワインに近づくことができるんですね。

その基本となるのが、次の2つの「派閥」です。

① ブルゴーニュ系（＝酸味が強い）
② ボルドー系（＝渋味が強い）

このどちらの味の傾向が好きか判断するのが、ファーストステップになります。
（ちなみに、ブルゴーニュやボルドーはいずれもフランスの地名ですが、この2つの分け方は、あくまでざっくりとした味の傾向。必ずしもこの地方で栽培されているブドウを指すわけではありません）

まず、ブルゴーニュ系。

ブルゴーニュ系にはとてもシンプルなルールがあって、**「ブルゴーニュ」とラベルに書いてあるワインに使われているブドウの品種はピノ・ノワールだけ！** なんと、ピノ・ノワール100％でなければ「ブルゴーニュ」と表記してはいけないという法律まであるんです。

のちほど詳しく説明しますが、**ピノ・ノワールと言えば、酸味が特徴。**一言で言うと、すっぱい。渋味はほとんどなく、舌に残らないスルスルとした軽さが気持ちいいワインです。

ワインの味はよく「ベリーのような」と表現されますが、ベリーと一口に言ってもカシスやいちご、黒スグリまでいろいろと種類がありますよね。そのなかで**ピノ・ノワールはワインの色も比較的明るく、ピンク系のベリーに近い**でしょう。女の子的なイメージですね。

一方のボルドー系は、ピノ・ノワール100%じゃないと罰せられるブルゴーニュ系と違い、数多くの品種が使われます。代表選手はカベルネ・ソーヴィニヨンとメルロー。基本的にはいくつかの品種をブレンドしていて、これらの比率によって味が変わります。

ボルドー系のワインは渋みが強く、男性的で重たい味が特徴です。口に入れたとき、舌にずっしりと乗っかる感じですね。また、長期間熟成させることが多いので、複雑な味のものが多くなります。ベリーにたとえると、黒っぽいベリー。**ワインの色も深めで、見るからに渋い雰囲気**を漂わせています。

まずは、ブルゴーニュ系を飲んでみる。そして、「すっぱすぎる」「もう少しズッシリしたほうがいい」と感じたら、ボルドー系のほうが好きだと判断するわけですね。

◉ボトルの「形」を見れば味がわかる！

ブルゴーニュ系とボルドー系ではボトルの形も違います。**ブルゴーニュ系はなで肩、ボルドー系はいかり肩です。**

ボルドー系がなぜいかり肩かと言うと、この肩の部分にワインを熟成させたときに出るオリ（渋味のもと）を引っかけ、グラスに入らないようにするため。ブルゴーニュ系のなで肩のボトルから注ぐと、そのままオリがグラスに流れ込んでしまうんですね。逆に、ブルゴーニュ系には、渋みのもととなるオリがそもそも多くあ

りません。だから、なで肩でOKというわけです。

さらにもうひとつ、代表的なボトルの形があります。それがドイツ（一部フランス）の白ワイン、リースリング（76ページ）に使われるボトルです。シャープですっきりとした酸のイメージどおりシュッと細長いのが特徴で、いかり肩やなで肩と並ぶとひと目で違いがわかります。

見た目から味が想像できて便利なので、この3種類のボトルはぜひ覚えてください。

リースリング

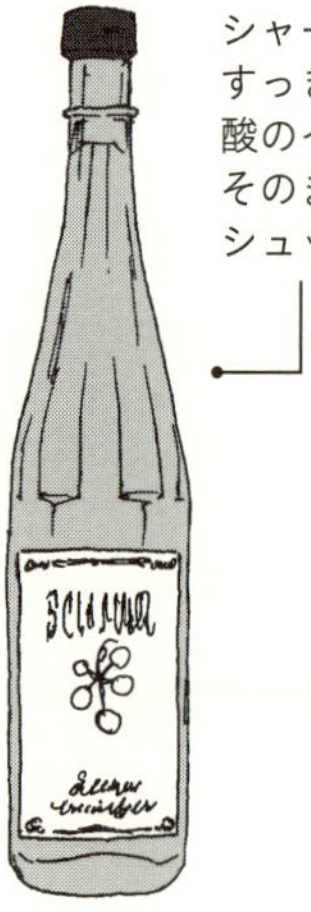
シャープで
すっきりした
酸のイメージ
そのままの
シュッと細長い形

◉赤ワイン5品種を女の子でたとえたら……？

さて、いよいよ「品種」に入ります。

みなさんに覚えてもらう「1軍」の品種は、たった5種類。ピノ・ノワール、カベルネ・ソーヴィニヨン、シラー、メルロー、テンプラニーリョ。これだけです。

とはいえ、なじみのないカタカナの品種と特徴を覚えるのは、数種類といえど簡単なことではありませんよね。そこで僕がアタマをひねって、恥をしのんで、それぞれの品種をかわいい（？）女の子のキャラクターにたとえてみました。男性は「好みの女の子を見つける」、女性は「理想、もしくは友達になりたい女の子を見つける」つもりで気軽に読み進めてください。

赤ワイン界を代表する5人の女の子(品種)たち

カベルネ・ソーヴィニヨン

ピノ・ノワール

メルロー

シラー

テンプラニーリョ

PINOT NOIR
ピノ・ノワール

ボルドー系の説明で出てきた、「ピノ・ノワールとそれ以外」という言葉。なぜピノ・ノワールだけ特別扱いなんだ、と思いませんでしたか?

ピノ・ノワールは、まごうことなき赤ワイン界の「女王様」。王室の頂点に君臨しています。まず何より、その**唯一無二の華やかさ**が女王たる所以でしょう。**ピノ・ノワールは繊細で、女性的。**ボトルがなで肩というのも、納得ですね。味の表現としては、「**華奢な感じ**」「**いちごキャンディみたい**」などと表現されます。さらに早飲みでも熟成してもおいしく飲める、とても優秀な御方なんです(あの有名なロマネ・コンティだって、ピノ・ノワール100%ですから!)。

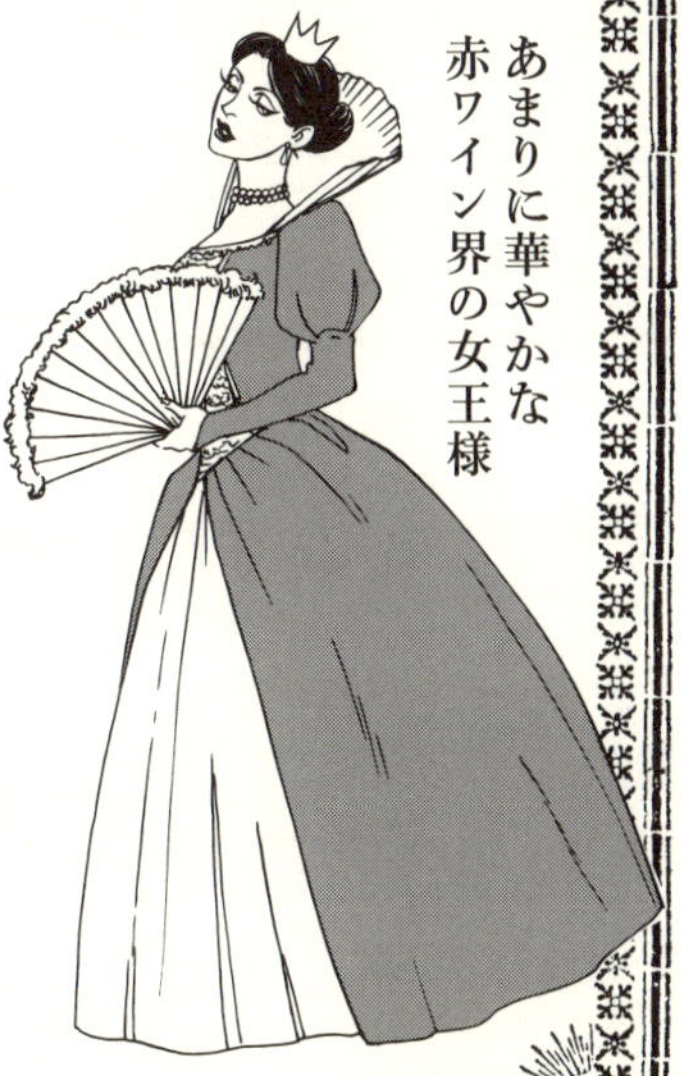

あまりに華やかな赤ワイン界の女王様

また、つくるのがむずかしく、生産している場所が非常に限られていることも、ピノ・ノワールが女王様として特別扱いされる理由のひとつです。基本的に寒い地域でつくられ、成長が遅いため、新規参入のハードルが高いのです。

CABERNET SAUVIGNON
カベルネ・ソーヴィニヨン

渋味が少ないブルゴーニュ系のピノ・ノワールとは対極に位置するボルドー系の王様、カベルネ様です。宝塚の男役のようなスター性があり（ボトルがいかり肩というのも、なかなか男性らしいでしょう?)、**「渋味」「酸味」「甘味」「香り」などすべての要素が全力で主張してくる、骨太のブドウです。**

すべての要素が主張しまくるため、「コレ!」といった個性はありませんが、とにかく圧倒的な存在感を誇るスーパースター、カベルネ様。ただし、ときどきスーパースターになり損ねた没個性のボンクラが紛れ込むのが難点です。ぶっちゃけると、フランス産の安いカベルネ・ソーヴィニヨンはボンクラ組が多い傾向にあります。

すべての要素を兼ね備えた絶対王者

SYRAH

シラー

南国のピチピチした「元気娘!」。イメージは、ミニスカートの色黒南国少女。その姿はまるで、昔の安室奈美恵のよう(……と言って伝わるでしょうか)。

基本的にあたたかく日照時間の長い地域でつくられる、開放的なブドウです(オーストラリアでつくられたシラーは「シラーズ」と表記されています)。

ジューシーで甘さもあるため、熟成させずにフレッシュさを楽しむこともできます。

また、シラーはその**ジューシーさと同時に「スパイシー」なコショウのような香りが特徴的な、やんちゃなやつ**です。ワインにおいて「スパイシー」は味ではなく、香り。コショウだけでなくインドカレーに入っているようなスパイスの香りやミント、ユーカリのような香りを指すこともあります。

やんちゃ感あふれる南国のスパイシー娘

Merlot

メルロー

平日のお昼におしゃれなカフェにいる、育ちのよさが滲み出る上品な奥様です。

全体的にバランスのとれた品のいい味がメルローの魅力ですが、あえて否定的な言い方をすれば「こぢんまり」。全体のバランスはカベルネ・ソーヴィニヨンと近い一方、酸味も渋味も甘味もすべてが強いカベルネのド派手な印象と比べると、かなり控えめです。でも、しっかり熟成されたメルローには、派手さはないながらも１本芯が通っているような、凛としたたたずまいがあります。

メルローは舌触りがよいのも特徴で、その触感は「シルキー」と形容されます。飲み口がスルスルとしていて、気持ちのいいワインです。

そっと陰で支えてくれるような、守ってあげたくなるような。そんな淑女なブドウがメルローです。

派手さはないが育ちのよい芦屋の奥様

TEMPRANILLO

テンプラニーリョ

スペイン語らしい字面を見ればわかるように、スペインでよくつくられる明るく元気なワインです。

テンプラニーリョのイメージには、無邪気で陽気、気取らないラテンの女性がぴったりです。**エグみが少なくジューシーな、手頃でおいしい庶民派のワイン**になります。

スペインバルがホームグラウンドの子なので、味の濃いスペイン料理とともに仲間とワイワイ楽しく飲むのにぴったりでしょう。シラーと同じく、スパイシーさが特徴でもあります。

スペインは日照量も多く降水量が少ない、ワインを育てるためにこれ以上ない環境。必然的に糖度が高くなり、底抜けに明るい果実味が溢れます。落ち込んだときは、テンプラニーリョ！

解放感あふれる陽気なスペイン美女

◉頭の片隅に置いておきたい赤ワイン「2軍」ブドウ

味の基準になる1軍ブドウさえ押さえておけば、**「このワインは、シラーよりもスパイシーですか？」「メルローが好きなんですけど、似たタイプのほかのワインはありますか？」**と比較することで、店員さんとも気後れせずにコミュニケーションを取ることができます。もう、今夜から「あなたにとっておいしいワイン」を選んでもらうことができるはず！

さらに、1軍ブドウほど味の基準にはならないけれど、ワインリストにはしばしば登場する「2軍ブドウ」も知っておくとコミュニケーションの幅が広がり便利です。ここでは、4種類の2軍ブドウをご紹介しておきましょう。

【ガメイ】

まだオシャレなどに気が回らない、中学生の元気な女の子といった感じでしょうか。お

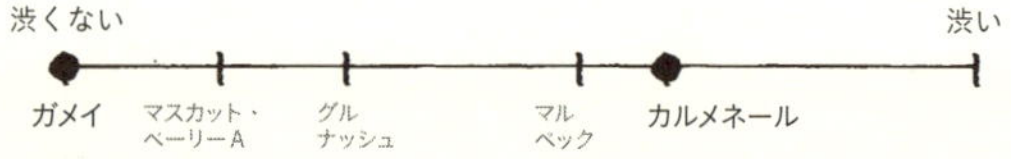

なじみボジョレー・ヌーボーに使われている品種で、基本的に熟成させなくてもおいしい「早飲みタイプ」です。**ガメイが入っていれば、大衆的なガブ飲みワイン**と言えます。

ガメイは場所を選ばずどこでも育つ、言ってしまえば雑草のようなブドウです。さらに、フレッシュな味わいを楽しむ品種ですから、あまり熟成させる必要もありません。

育てやすく、現金が入ってくるまでの期間が短い、造り手思いのブドウなのです。

【カルメネール】

姉・メルローとそっくりな、双子の姉妹の無口な妹です。無個性……と言うと悪口になりますが、カルメネールの場合、ぶっちゃけ、あまり味に関して言うことはありません。**メルローとほぼ一緒です。**もっとも注目すべきは、最近までその存在が「知られていなかった」ということです。

カルメネールは19世紀まではフランスでも栽培されていましたが、寄生虫の発生により絶滅したと思われていました。それがおよそ100年後、遠く離れたチリで、「メルロー」と間違われて栽培されていたことが発覚したのです！　メルローと見た目も味もよく似ているため、１９９４年、ＤＮＡ鑑定によってその存在が判明するまで誰も気づきませんでした。「チリで密かに生きていた幻のブドウ」というストーリーがウケている、ツウ好みのブドウです。
　カルメネールの名前を見つけたら、このエピソードをきっかけに「メルローとそっくり」と思い出してください。

【マルベック】

　テンプラニーリョより、さらにジューシーで飲みやすい！　初心者が飲んでもハズれない！　そんな気さくな「クラスのいいやつ」がマルベックです。
　すべての要素に主張がある1軍のカベルネ・ソーヴィニヨンに比べると、**酸味や渋味が少なく、果実味だけが突出しています。**他のブドウとブレンドされることが多いですが、マルベックさえ入っていればワイン初心者にはもってこいと言えます。

【グルナッシュ】

マルベックとシラーの間のポジション、つまり**南国っぽいジューシーさが魅力の、飲みやすく初心者でも楽しめる味です。**見た目はギャルっぽいのに意外と性格は控え目な女の子、といったところでしょうか。どちらかというと軽めの赤ですから、脂身の多いお肉より、鶏のような軽めの肉料理のほうが相性はいいでしょう。

グルナッシュもまた、単体で使われることはほとんどありません。組み合わされたブドウを引き立てる、名脇役です。

【マスカット・ベーリーA】

日本を代表する大和撫子！　数少ない日本の赤ワイン用ブドウです。**日本生まれだけに、和食に合わせるうえではほかのワインの追随を許しません。**海外のワインに比べてサラリと飲みやすく、繊細な和食を邪魔しないのです。

なぜ、サラリとしているか？　そのまま食べてもおいしい生食用（＝ワイン用のブドウより水分量が多い）の「マスカット」を、ブドウ用の品種「ベーリー」と交配させてつくったブドウだからです。なんだか合併した生命保険会社のようなネーミングですが、「日本ワインの父」と呼ばれる川上善兵衛さんが生み出した、立派な品種なんですよ。

日本ワインと言えば、白ワインの品種である「甲州」も生食用のブドウです。ワイン文化のない日本では、赤も白もすでにある品種をなんとか活用したというわけですね。

さて、ここまで出てきた品種を、ざっくり「初心者向けかどうか」で分けてまとめると次のようになります。ぜひ参考にしてみてください。

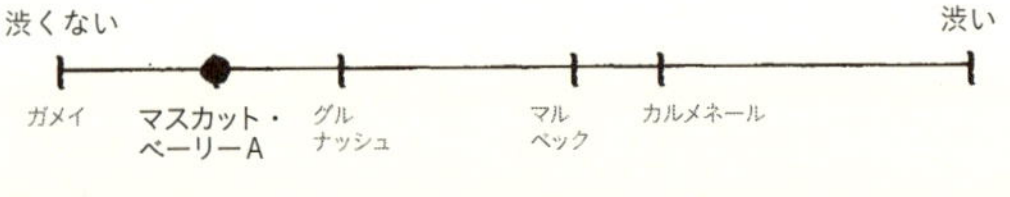

○

**初心者が選んでも
ハズれにくいワイン**

【シラー】【テンプラニーリョ】【マルベック】【グルナッシュ】

……渋味や酸味が少なく、とってもジューシー。造り手によって味の幅も少なく、飲みやすいワインです。ニューワールドで栽培されるものが多く、コストパフォーマンス高し！

△

**初心者が選ぶと
ハズす可能性が高いワイン**

【カベルネ・ソーヴィニヨン】

……造り手によって、出来がピンキリな品種です。品種のイメージのよさだけで「売れてしまう」ため、旧世界、ニューワールド問わずたくさんの造り手がやたらと手を出した結果、玉石混交になってしまいました。くまモンの成功を受けて日本中でゆるキャラが量産されたようなものですね。

【ピノ・ノワール】

……カベルネに比べて生産自体のハードルが高いためダメな生産者は少ないものの、造り手の腕によって味に差が出やすい品種です。

また、品種の話からやや逸れますが、**フランスの安ワインにも手を出さないほうがいいでしょう。**フランスのワインはブランド力があるため、比較的高価になりがちです。松阪牛や神戸牛といったブランド牛が高値で取引されるように、産地の時点でハクがつくわけですね。

ですから、**同じ品種と価格でチリワインとフランスワインが並んでいるのなら、絶対にチリワインのほうがおトク！**　フランスの安ワインは「そこそこ」もしくは「最悪」の可能性が非常に高いのです。**フランスのワインを飲むなら、市販で3000円、お店で7000円～8000円以上**（高い！）だとハズレワインを引く可能性がぐっと低くなります。

●「コーヒー派」か「紅茶派」かを聞けば、赤ワインの好みが一瞬でわかる

ピノ・ノワールからマスカット・ベーリーAのなかで、お気に入りの子は見つかりましたでしょうか？　実際に飲みながらこれらのキャラクターを脳内に思い描くのもよし、好みの女の子のタイプから飲むワインを選ぶもよし。ソムリエの僕がこんなことを言ってい

るのだから、少なくともワインがとっつきにくいものではないとわかっていただけたのではないかと思います。

さて、ここで少し女の子キャラから離れ、味覚をもとに好みのワインをズバリ当てる、山口オリジナルの「一瞬で好みを導くチャート」をご紹介しましょう（70ページ）。簡単な質問に答えていくだけでぴったりのワインが見つかるはずですので、ページをめくって試してみてください。

Q 一瞬で好みを導くチャート［赤ワイン篇］

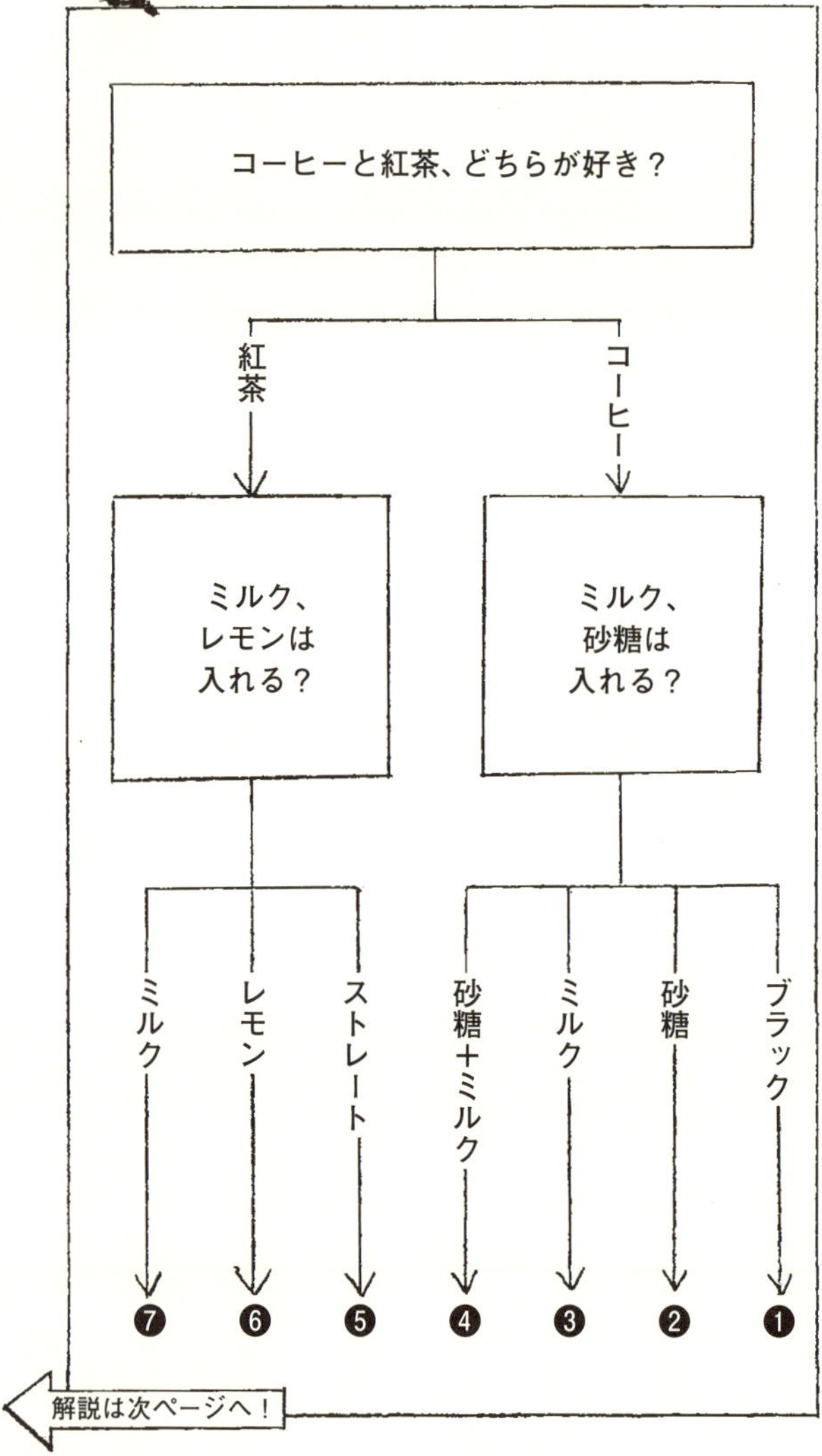

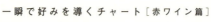

……辿り着きましたか？　それでは解説していきましょう。

1問目の「コーヒーと紅茶、どちらが好きか」。

コーヒーは苦味が注目されがちですが、樽香の要素も持つ「ボルドー系」の飲み物です。一方で、香りが華やかな紅茶はブルゴーニュ系。薄めの色もピノ・ノワールを彷彿とさせます。


続いて2問目、コーヒーと紅茶を選んだ方へのそれぞれの質問「ミルク、砂糖は入れますか？」、「ミルク、レモンは入れますか？」

ミルクは酸味を和らげるために入れるものですから、いつもミルクを入れる人は酸味が得意ではないと言えます。逆にレモンを入れる人は酸味が好きで、いつも砂糖を入れる人は苦いのが好きではないはず。そしてブラックは、苦味も酸味も好きな「大人の舌」の持ち主でしょう。

これらをまとめると、72ページのようになります。ぜひ、好みの味の参考にしてみてください。

A 一瞬で好みを導くチャート［赤ワイン篇］

コーヒーが好き

❶ブラック……ボルドー系全般。旧世界のカベルネ・ソーヴィニヨン
❷砂糖……ニューワールドのカベルネ・ソーヴィニヨン、シラー
❸ミルク……温暖なニューワールドでつくられた果実味がしっかりしているワイン。テンプラニーリョなど
❹砂糖＋ミルク……とにかくジューシーで飲みやすいグルナッシュ、マルベック

紅茶が好き

❺ストレート……寒い地方（ブルゴーニュやドイツ）のピノ・ノワール
❻レモン……フレッシュなガメイ
❼ミルク……酸味が控えめなカリフォルニアのピノ・ノワール

◉白ワイン3品種を女の子でたとえたら……？

さて、ここからは白ワインの品種に入ります。

白ワインは、赤ワインと大きく違う点があります。まず覚えていただきたいのは、**白ワインは、赤ワインに比べて同じ品種のなかでも味に幅が出やすい**ということ。つくり方によって、**「樽」**、**「酸味」**、**「甘味」**の3つのポイントでそれぞれ味に特徴が出るのです。

品種にくわえて「樽で熟成させたシャルドネ」「甘味の強いリースリング」など、プラスアルファの要素を含めた「好み」を見つけてください。

白ワイン界を代表する3人の女の子(品種)たち

シャルドネ

ソーヴィニヨン・ブラン

リースリング

CHARDONNAY

シャルドネ

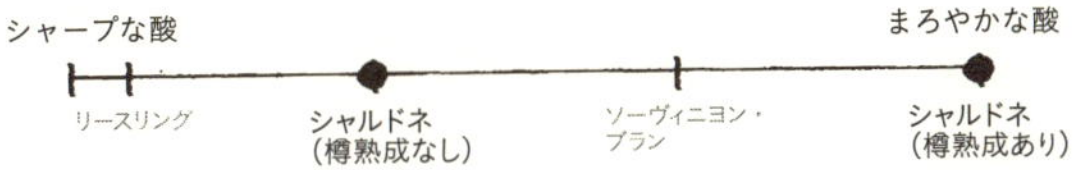

特徴がないのが、特徴。付き合った人の好きな音楽を好きになるタイプ――つまり、とっても染まりやすい女の子です。そのため、つくり方によってまったく違う味になります。「好きな品種はシャルドネ！」と言われると、詳しい人ほど「どのシャルドネだろう……？」と困惑してしまうのです。

シャルドネには、ざっくり言うと「樽」と「酸」の軸を組み合わせた４パターンの味があります。

まず、**樽を使って熟成させているかどうか**で２種類。

樽で熟成させたワインはパンを焼いたような特徴的な香りがするため、店員さんに**「このシャルドネは樽を使っていますか？」と聞くのがベターです。**そして、**ヨーグルトみたいなまろやかな酸か、青味がかったリンゴみたいなシャープな酸か**で２種類。

まろやかな酸のシャルドネはハチミツのような香りで、クリームソースやバターソースなどの重めの食事にも合わせられます。

何にでもすぐ染まってしまう
無個性女子

RIESLING
リースリング

ツンデレの美人です。外ではカッチリしているのに家では甘えてきます。甘かったり、辛かったりというその幅の広さに振り回されないように！　リースリングは、「甘味」の違いで２種類に分けられます。**シャルドネが「樽」と「酸」を軸とするなら、リースリングは「甘味」がその軸になるというわけです。**

もともとリースリングは、あまり甘味の強くないブドウです。というより、ブドウ栽培の北限を越えているとも言われるドイツでつくられているため、甘くなりづらいんですね。そんなリースリングを甘くするのは、職人技。だからこそドイツでは、「甘いワインほど価値が高い」と法律で定められています。

超甘口のリースリングは高級ワインになるので、普段使いのカジュアルなお店のリースリングはほとんどがやや甘口～辛口でしょう。味に幅があるので、メニューにリースリングがあったらまず「**辛口ですか？　甘口ですか？**」と確認してみてください。

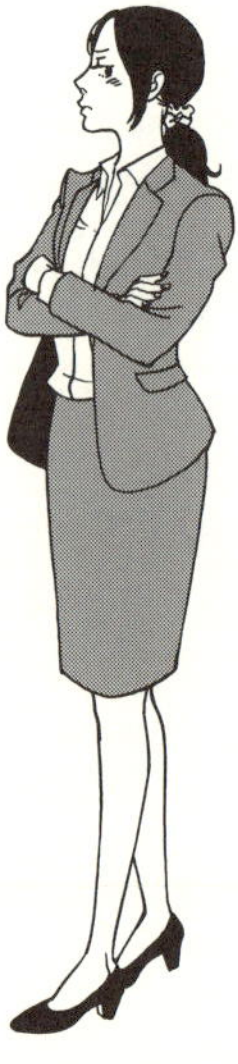

甘かったり辛かったり
会うたび違う顔のツンデレ女子

SAUVIGNON BLANC

ソーヴィニヨン・ブラン

草原のなか、羊を追いかけながらショートパンツで走り回っている、少年のような女の子。舞台はそう、ニュージーランドですね。

ソーヴィニヨン・ブランは、「若々しくて青っぽい味」。すっきりとした爽やかな酸が特徴で、あまり熟成していないものだと色もどこか緑がかっています。いちいち「草っぽい」のですが、香草系ということで、料理との合わせやすさでは無類の強さを発揮します。野菜料理からメインの魚料理までカバーできる、とにかく守備範囲が広い白ワインです。スッキリ飲みやすいので、夏の暑い日にもぴったり!また、白ワインのなかでは珍しく品種のなかで味に幅がないので、迷わず選べますね。

色も味もとにかく「草っぽい」野原を駆ける少女

◉頭の片隅に置いておきたい白ワイン「2軍」ブドウ

白ワインでは、2種類の2軍ワインをご紹介します。ワインリストにいつも載っているような品種ではありませんが、いずれも特徴的な味で「いつ飲むといいか」がハッキリしたワインです。

【ミュスカデ】

笑顔が爽やかな運動部のマネジャー的存在。「とりあえずビール！」の代わりに使えるワインです。

音の響きやアルファベットの綴りも似ていますが、ミュスカデ（MUSCADET）はマスカット（MUSCUT）と近い緑色のブドウです。「スッキリ」以外にとくに特徴はないのですが、甘さ控えめで水のようにガブガブ飲めます。「**いやあ、今日は暑いね。汗もかいたし、ビールじゃなくてミュスカデにしようかな**」なんて頼むとオシャレだし、ツウっぽく

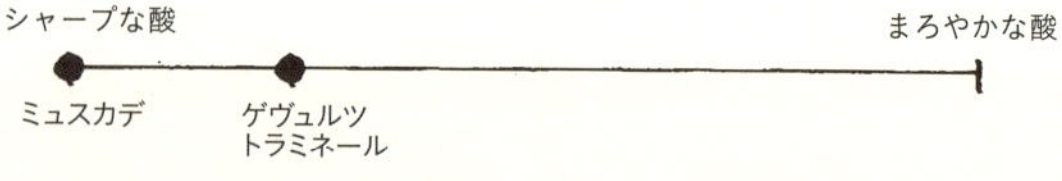

見えますよ。ザ・がぶ飲みワイン！

【ゲヴュルツトラミネール】

食後のデザートワインとして最適です。

発音しにくいことこのうえないゲヴュルツトラミネールは、ライチのような香りが特徴的。イメージは楊貴妃で、一度飲めば一瞬で覚えられるほどインパクトがあります。甘味も強く、**女性に飲んでもらうと必ず「おいしい！」と称賛の声が上がります**（山口調べ）。

男性のみなさんはとにかく女性ウケするということを頭に入れ、メニューに見つけたら食後にすかさずオススメしてあげましょう。ただし、くれぐれも噛まないように。

「ゲブルストラミナー」とドイツ語で表記されることもあります。

◉「しめさば」の好みを聞けば、白ワインの好みが一瞬でわかる

赤ワインのコーヒー・紅茶チャートで懲りず、白ワインでも「一瞬で好みを導くチャート」をつくってみました。

白ワインの好みを知るためには、なんと「しめさば」が万能なリトマス試験紙になります。そう、居酒屋などで、バーナーで炙られて出てくるあのしめさばです。

「どういうことだろう?」と首をかしげているかもしれませんが、まずはダマされたと思って次ページのチャートの質問に答えてみてください。

Q 一瞬で好みを導くチャート［白ワイン篇］

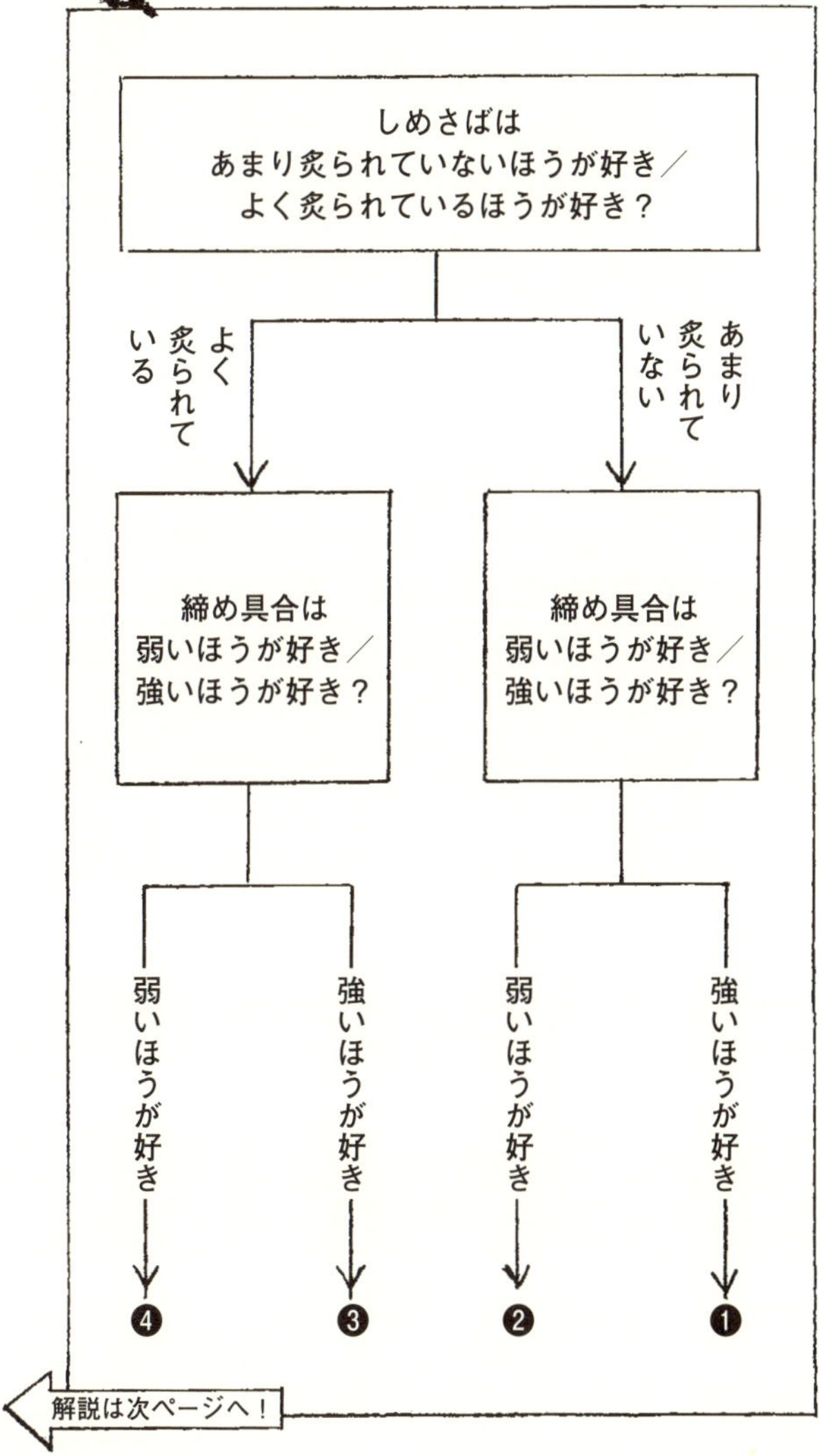

……終わりましたか？　では、解説に移ります。

まず、「よく炙られているほうが好きかどうか」。

この質問で、白ワインの味を大きくわける「樽香《たるこう》」の好き嫌いがわかります。じつは、ワインを入れているあの樽のカーブは、木材を内側から炙ることでつくり出されているんですね。ですから、ワインに溶け出した樽香は、さばを炙ったときの香りと非常によく似ているわけです。

次に、「しめさばの締め具合が強いほうが好きかどうか」。

この質問はシンプルに酢、つまり酸味が得意かどうかを示しています。

2つの質問の結果をまとめると、次のページのようになります。

A 一瞬で好みを導くチャート［白ワイン篇］

❶炙りが軽めで、締め具合が強い……辛口のリースリング

強めの酸があなた好みのはず。「ミュスカデ」もハナマルです。

❷炙りが軽めで、締め具合も弱い……樽を使っていないソーヴィニヨン・ブラン

ニュージーランドのソーヴィニヨン・ブランはほとんど樽で熟成させないので、樽香が苦手な人は覚えておくといいでしょう。

❸よく炙られていて、締め具合が強い……赤ワイン

この両者を満たす白ワインは、どぎつく、バランスが悪くなりがちです。ここに辿り着いたあなたは、ズバリ赤ワインのほうが好きなのかもしれません。どうしても白ワインを飲みたいのであれば、自分の好みは無視して料理に合わせて。

❹よく炙られていて、締め具合は弱い……樽で熟成させたシャルドネ

カリフォルニアなどのニューワールドでつくられたコスパがいいものがオススメです。

◉一瞬で店員に好みを伝える魔法のフレーズ集

ここまで、ワインは品種で味の傾向が決まるため、基本の品種の中から「好きなブドウ」さえ見つけておけばおいしいワイン探しはむずかしくない。そう、お話ししてきました。

しかし、ワインだってそれぞれの造り手によって当然個性が出ます。「ピノ・ノワールだけど酸味が弱い」など、その品種らしくない特徴が出てしまうこともあるのです。

そこで、次のページに表をつくってみました。シラーなら「スパイシーな」、ソーヴィニヨン・ブランなら「フレッシュな」など、それぞれのブドウによく使われる表現をピックアップしています。

つまり、**次の表に書かれているような表現で説明されたワインを選べば、その品種らしい味のワインに行き着くことができる**というわけです。

また、こちらから店員さんに「**シラーのようなスパイシーなものが好きなんですが**」

	品種	よく使われる表現
（赤）	カベルネ・ソーヴィニヨン	濃厚な、フルボディの、カシスのような、骨太な
	ピノ・ノワール	華やかな、いちごのような、上品な
	シラー	重厚な、スパイシーな、グラマラスな、パワフルな
	メルロー	シルキーな、まろやかな、こなれた
	カルメネール	シルキーな、まろやかな、こなれた
	テンプラニーリョ	スパイシーな、陽気な、チャーミングな
	マルベック	果実味豊かな、ジューシーな、色が深い
（白）	シャルドネ（樽熟成あり）	樽を効かせた、クリーミーな、重厚な、マイルドな
	シャルドネ（樽熟成なし）	ミネラリーな、何にでも合う、すがすがしい
	リースリング	スッキリとした、飲みやすい、シャープな
	ソーヴィニヨン・ブラン	フレッシュな、青々しい、爽やかな
	ゲヴュルツトラミネール	ライチのような、甘美な、トロピカルフルーツのような

「カベルネ・ソーヴィニヨンのように濃厚なものをいただきたくて」「ソーヴィニヨン・ブランみたいなフレッシュな感じが好みなんですけど」と伝えられれば、「では、こういったものもお好きではないですか？」と会話がひろがること請け合いです。

Points!

- 「いかり肩」ボトルは重くて渋い、「なで肩」ボトルは軽くてすっぱい
- 初心者にはカヴェルネ・ソーヴィニヨンとピノ・ノワールはハズれやすい
- 白ワイン、とくにシャルドネとリースリングは同じ品種でも味に幅がある

わかったようでわからないワイン界の「脇役」たち

ここからは少し品種とは離れますが、お店でよく目にするその他のワインについて簡単にご紹介しておきましょう。

◉ロゼワインは「雰囲気づくり」のお酒？

まず、その可憐な見た目から「女子の飲み物」「赤と白を混ぜた初心者向けの飲み物」と思われがちなロゼワイン。しかし、その実、超玄人向けのワインなのです。

そもそも「ロゼ」と一口に言っても、スパークリングから辛口、甘口、デザートワイン向けまでその種類は幅広く、とても一口では語れません。ソムリエでもうまく扱える人が少ないこと、いいロゼは値段が高く「初心者向け」のイメージとのギャップが大きいこと、さらに注文されることも少ないことから、流通量はあまり多くありません。

正直、おいしいロゼワインに当たるのは、かなりむずかしいことです。あまりワイン歴が長くない間は、ロゼを飲むのは「ピンク色で雰囲気づくりをしたいときだけ」と割り切ってもいいのかもしれません。

余談ですが、カリフォルニア大学で行われた実験によると、まったく同じ糖分量の白ワインとロゼを飲み比べた被験者は、ロゼのピンク色のイメージに影響されて「白より甘い」と判断してしまうそうです。目からの情報でダマされちゃうんですから、人間の味覚って本当にアテにならないですよね。

◉ビオワインって結局おいしいの？

ここ10年の間にその頭角を現し、じわじわと人気を博しているビオワイン。ビオワインを専門に扱うお店も、だいぶ増えてきました。

ビオワインは「自然派ワイン」（あるいは「ヴァン・ナチュール」）と呼ばれることもあ

ります。いずれにしても、ブドウは無農薬栽培を行う、ワインづくりにおいて不要な薬品を使わないなど、**可能なかぎり自然のままにつくられたワイン**を指しています。

同じビオワインのなかでもいろいろとグレードがありますが、共通して言えるのは「**よい造り手なくしてよいビオワインなし**」。ビオワインは、とにかく味に造り手の個性がにじみ出るものなんです。

というのも、真剣にビオワインをつくっている人はだいたい変人だし、ビオワインの最高峰クラスになると、もはや（いい意味で）変態的。月の満ち欠けでブドウの収穫のタイミングを決める、牛の角や腸の中に牛糞やタンポポを詰めたものを入れてブドウの樹の堆肥にするなど、驚くような栽培を行っている人もいます。あ、黒魔術じゃありませんよ！

まあ、ある程度変わった人じゃないと、有機栽培なんて面倒くさいことはやっていられないのでしょう。

では、そもそもビオワインは、「おいしい」のか？

これは、個々のワインによるとしか言いようがありません。あえて言えば、「個性的で滋味深いワインが好きなら好き」なのではないでしょうか。

ビオワインは1本ずつまったく個性が違うため当たり外れが激しく、「ビオだから好き」とは言えないのがむずかしいところ。造り手もピンキリで、流行に乗ってとりあえずビオワインの認証だけ取っている人もいれば、本当にブドウやワインづくりに命を懸けている人もいます。だから「好きな造り手」さえ見つかれば、ビオワイン選びは俄然楽しくなるでしょう。

ですから**ビオワインは、いい造り手さんのワインを置いている、信頼できるお店で飲むことが何よりも大事です。**ファッションとしてとりあえず置いている店は避けなければなりません。

そのための試金石は、店員さんがお店に置いてあるビオワインのストーリーを話せるかどうか。「**ビオワインにも興味があるんですけど、おすすめの造り手さんはいますか？**」と聞いてみましょう。そこで嬉々として答えてくれたら、本当にビオワインが好きでこだわりのある店。そうでなければ回れ右してほかの店に行くか、ビオワイン以外のワインをいただくほうが吉だと判断できます。

◉サングリアを頼んではいけないワケ

ワインにフルーツをつけ込んでつくる、サングリア。でも、「おいしい！」と感動できるサングリアに出会ったことがある人は、少ないのではないかと思います。

みなさんも薄々気づいていたかもしれませんが、飲食店がサングリアに使うワインは高級なものではありません。しかも開栓して日が経ち、もはやグラスワインで提供できないものを使うことが多いのです。飲んでみて「こんなもんか」と思ってしまうのには、ちゃんと理由があるんですね。

自慢のように聞こえるかもしれませんが（少し自慢ですが）、僕は、サングリアをちゃんとおいしくつくる自信があります。でもそれは僕がスゴいのではなく、ソムリエの前にバーテンダーの経験を積んでいるから。じつはサングリアは、**ワインというより「カクテル」の一種と考えたほうがいいんです。**

だって、お酒にフルーツを入れたり混ぜたりするのって、よく考えたらソムリエではなくバーテンダーの仕事だと思いませんか？

僕が心配しているのは、あまりお酒に詳しくない人がなんとなくアルコール度数の低そうなサングリアを頼んでしまうこと。それが適当なサングリアだと「やっぱりお酒はおいしくない」と諦めてしまうのではないか。不幸な出会いが日本各地で起こっているのではないか……そう思うと気が気ではありません。

苦渋の選択ですが、ここであえて言い切りたいと思います。

サングリアは、選択肢から外しましょう。

Points!

- ロゼワインは「雰囲気重視のお酒」とわりきる
- ビオワインはよい造り手を見つけることがすべて
- サングリアは、頼まない

②
店飲み編

おいしいワインの「頼み方」

わかるようでわからないワイン用語や自分の好みの女の子……もとい、品種はバッチリ押さえられたでしょうか？　ここまでの内容がぼんやりとでも頭に入っていれば、十分に店員さんと楽しくコミュニケーションが取れるはず。何も怖いことはありません。

さあ、いざワインが充実しているお店へ足を運んでみましょう！

◉「とりあえずビール」って失礼？

バーやレストランで働いていたこともある僕が受ける質問のなかで、「1杯目に何を飲むべきか？」は常に上位にランクインします。曰く、ちゃんとしたお店では「とりあえずビール！」は失礼なのか？　昭和っぽくてダサいのか？　と。

答えは、「ノー」。自分が飲みたいものを飲むのが、お酒の楽しみ。基本はノールールなんです。

ただし、「お酒を楽しむ」という意味では、1杯目はスパークリングワインに挑戦してほしいのもホンネ。これはルールではなく、「せっかくならオシャレに楽しんでほしい」というレベルの話です。

初心者あるあるとして挙げられるのが、「スパークリングワイン＝シャンパン」と勘違いしてしまうこと。シャンパンはスパークリングワインのなかでも、フランスのシャンパーニュ地方でつくられたものだけを指します。簡単に言えば、「位の高い」スパークリングワインです。だからうっかり気軽に「シャンパンください！」と言うと、グラス1杯3

000円もするワインが出てきてしまうこともあるのです。
僕は、大学生カップルがデートで緊張しながら「シャンパンください！」と言ってきたら、そっと「スパークリングとシャンパンがございますが、いかがなさいますか？」と確認することで、会計時の悲劇を防ぐようにしていました。

ビールとスパークリングワイン、いずれにしても1杯目に炭酸がオススメなのは、食欲増進の効果があるためです。食前酒なので、食事の組み合わせは考えなくてOK。お連れの方が飲めない人なら、ウーロン茶やただの水ではなくペリエなどの炭酸水を頼んであげるとスマートです。
ちなみに**1杯目のスパークリングワインは、本来は1皿目が来るまでに飲みきるもの。**あくまで「食前」酒ですから、チビチビいつまでも飲み続けるものではありません。ちゃんとしたお店ほど、できればお客さんが1杯目を飲みきってから料理を出したいと考えています。もちろん、なかなか飲み干さないときは、先に出しちゃいますけどね。

◉プロがまず「ハウスワイン」から頼むワケ

その店のグラスワインでもっとも安価なワインが、ハウスワインです（メニューに「ハウスワイン」と明記されている場合もあれば、されていない場合もあります）。グラスで500円前後から提供している店が多いでしょうか。

このハウスワイン、「あまりおいしくない、ワインにこだわらない人が頼むもの」だと思われがちですよね。でも、とんでもない！　**ハウスワインはいわば、その店の「名刺代わり」**。ソムリエがワインバーなど同業者の店に行くときは、まずハウスワインを飲みます。寿司屋の腕は卵焼きを頼めばわかる、というやつと同じですね。

ですから、「本当にいい店は、ハウスワインにもっともこだわる」と言っても過言ではありません。松竹梅があると「竹」を選んでしまうように、つい避けられがちなハウスワイン。でも、一番安い「梅」にこそお店の実力が隠されているのです。

また、ハウスワインは1杯目にもってこい。なぜなら、際立った特徴がなく、バランスのよいものが選ばれる傾向があるからです。「次のワインの道しるべになる」という役割を担っているんですね。まずは、何も考えずにハウスワインを飲む。その味をベースに、**「これよりもっと酸味が強いものを」「もっとタンニンがしっかりしているものを」**と頼むことで、自分が飲みたい味や好みを伝えることができるのです。

ただし、スーパーに並んでいる紙パックワインのようなお酒をハウスワインに選んでいる、本当にダメなお店もごく稀にあります。ハウスワインが「まずい！」と思ったら、早めに次の店へ切り替えましょう。

◉「オススメください」は地雷ワード

自分の好きな品種がわかったとしても、いつもそればかり飲んでいては飽きてしまいますよね。店員さんのセンスに任せて新しい出会いを期待するのも、ワインの楽しみです。

とはいえ、「お店の人に質問した後、うまく話せなかったらどうしよう……」とためらう気持ちがあるのも、とてもよくわかります。ここではそんな不安を解消するため、日々お客さんと向き合っていた立場から、ちょっとしたコミュニケーションのコツをお伝えします。

まず、よほどの常連でなければただ**「オススメをください」**と頼むのはやめましょう。プロであっても、相手の好みがわからなければ何を基準に選べばいいか迷ってしまいます。

いろいろと飲んでみたいけれど何を頼んだらいいかわからないときは、**「料理に合わせたいんですが、どんなものがいいですか？」**と聞いてみるのが王道です。ワインは食事との組み合わせにより、味わいが変わるもの。メニューの味がわかっている店員さんにお任せするのが、一番ハズレがないのです。お皿が進むごとにワインもガラリと変わり、飽きずに飲み進められますしね。

また、赤ワインが飲みたいときの「注文ワード」は**「軽めで」**もしくは**「重めで」**、白ワインを頼むときは、**「甘口で」**もしくは**「辛口で」**と好みの方向性を示す言葉を添えると、ハズさずに選んでもらうことができます。

◉予算を伝えると店員は喜ぶ

ボトルでワインを飲んでみよう！　と意気込んだはいいけれど、ワインリストを手に固まってしまった。そんな経験はありませんか？

ワインリストでやはり気になるのはまず価格。お財布と相談してほどよいワインを飲みたいけれど、「味じゃなくて値段で決めるケチな素人だと思われたらどうしよう……」「1番安いワインを選んだら恥ずかしいのかな……」と、予算を伝えることを躊躇してしまう人がいます。

気持ちはわかります。僕も高級ブティックに行くと、「値札をチェックしたのがバレたらかっこわるいのかな……」と同じように感じますから。

でも、気にする必要はありません。店員さんだって、それぞれのお客さんに予算があることはわかっています。それに、一番安いワインだろうと1本3万円のワインだろうとその店が責任を持って選んだワインですし、**ソムリエや店員さんは、値段の上限を示してもらえることをむしろ歓迎しています。**「これだと高すぎるかな？」と心配せずに提案できるのは、オススメする側にとっても安心ですから。

ワインリストやメニューが手元にあったら、だいたいこのあたりまでなら出せる、という価格を指さして「**これくらいのワインで、酸味があまり強くないものを**」などと伝えるとスマートでしょう。
もし可能であれば、最初に「**今日はグラス3杯くらい飲むと思うんですけど**」「**4人なので、ボトル3本くらいかな**」と伝えると、食事を考慮しつつ「ワインコース」を組み立ててもらうことができます。自分のだいたいの酒量がわかってきたら、ぜひ予定の杯数を伝えてください。もちろん、伝えた杯数より増えても減っても、気にしなくてOKです。

Points!

- 1杯目は炭酸から。1皿目が来る前に飲みきるのがベスト
- ハウスワインこそが、そのお店の実力を表す
- 困ったら「料理と合わせたいんですが、どんなワインがいいですか?」

ワインと食事を合わせるのは意外にカンタン

自分の好きな品種を迷わず頼めるようになったら、次は食事のメニューとともにワインを選んでいきましょう。食事とピタッと合ったワインを選べば、よりツウっぽく見えますよ。

その前にまず誤解を解きたいのは、「マリアージュ（結婚）」という言葉。近年にわかに市民権を得てきた言葉ですが、みなさん、ただ「ワインと食事の素敵な組み合わせ」のことだと思っていませんか？

じつはマリアージュは、「あり得なさそうな組み合わせのワインと食事を合わせたら、よりおいしくなった」という意味合いです。一見反発しそうな2人を引き合わせたら、うまくいった。もともとは所詮、他人同士。だから、「結婚《マリアージュ》」なんですね。

マリアージュを狙うのはレベルが高く、我々プロにとってもとてもむずかしいことです。3組に1組が離婚する昨今ですから、まずは普通の「調和」を目指すほうが堅実。そこで、「調和」を目指したワインと食事の合わせ方をご紹介したいと思います。

◉「前菜」「魚」「肉」とのシンプルな合わせ方

基本的に、アラカルトでもコースでも、**食事は味が薄いものから濃いものの順に食べるものです。**重厚な牛肉の赤ワイン煮込みを食べたあとに、スズキのカルパッチョのようなサッパリとしたものを頼むイメージ、ありませんよね？　濃い味から薄味に戻ると物足りなく感じるのは、お酒も同じ。**「軽→重」を意識すると、必然的に食事とも合う**はずです。

□前菜

やっぱりはじめは「白」。**サラダやカルパッチョといった前菜は、すべてソーヴィニヨ**

ン・ブランが無難かつ最高のパートナーです。品種を女の子で表現する際（77ページ）にもバックに草原を描いたとおり、やや青っぽいハーブの香りがするため、野菜とも、カルパッチョなどの魚料理に使われるハーブやケッパーの香りとも絶妙にマッチします。

しょっぱい生ハムをつまみたいなら、前菜の後半で。赤ワインと合わせてみてください。

□魚料理

メインが魚（アクアパッツァや舌平目のムニエルなど）のときは、やはり万能選手のソーヴィニヨン・ブランがオススメです。また、「魚は絶対白！」と決めてかかる方がいますが、マグロなどの赤身魚は、じつは軽めの赤がよく合います。白身魚はソーヴィニヨン・ブラン、赤身魚は軽めの赤と、**色を合わせて覚えるといいでしょう。**

臭みの出やすい魚料理を食べるなら、甲州やマスカット・ベーリーAといった日本ワインがイチオシ！　鉄分は生臭さを感じる要素なのですが、日本ワインは海外のワインに比べて鉄分の量が少ないため、魚の生臭さを抑えてくれます。

□肉料理

メインは、その日のクライマックス。素材はもちろん調理法やソースに左右されるところが大きいのですが、ざっくりとした合わせ方のセオリーはあります。

まず、牛を食べたいなら、ボルドー系のしっかりとした赤ワイン。

豚は、ブルゴーニュ系の軽めの赤ワイン。

鹿、イノシシ、ウサギといったジビエ（獣肉《けものにく》料理）なら、肉の味に負けないシラー。

鶏（鴨含む）はブルゴーニュ系の軽めの赤、とくにカリフォルニアの甘めのピノ・ノワールがよく合います。

鶏のなかでもシンプルにローストしたものは、樽を使った重めのシャルドネ。クリームソースがベースの料理なら、まろやかなシャルドネもぴったりです。

このように、とくに鶏料理はソースの幅が広いため、素材よりもソースに合わせることを意識しましょう。

ちょっとツウっぽく頼んでみたいなら、「**前菜にも合う赤をください**」、「**お肉にも合う**

白をください」とオーダーを。おそらく軽めの赤や重めの白を合わせてくれますが、こういうヒネリがある注文をされるとソムリエとしては非常に燃えます。素材やソースを見極め、どうやって絶妙なバランスを取ろうかとウズウズするんです。

もちろん、こうしたオーダーをするときは、やる気になってくれそうな店員さんがいる店であることが前提条件。そうじゃないと、成田離婚してしまうようなマリアージュを提案されるかもしれませんからね。

後ほどご紹介する「おいしいお店の選び方」を参考に、「ここなら大丈夫だろう」と思えるお店で声をかけてみてください。

◉地元の食べ物は地元のワインと

ワインは本来、その土地でとれたブドウを使ってつくる「地酒」です。日本酒や焼酎と同じく、いやそれ以上に、地元の人が食事とともに楽しむためにつくられています。つまり、地元料理に合わせた味になっているんですね。

ですから、**イタリアンに行くならイタリアワイン、ビストロに行くならフランスワイン、スペインバルに行くならスペインワインを飲むのが定石です。**

とくにスペイン料理は、スペインワインじゃないと物足りません。カジョス（トリッパの煮込み）やアヒージョといったパンチのある料理に、フランスの上品で繊細なワインは負けてしまうんですね。スパイシーでジューシーな、テンプラニーリョのような陽気なスペインワインがベストパートナーです。逆に言えば、ソースが繊細なフレンチに豪快なスペインワインはもったいないとも言えます。

また、同じ生ハムでも、ワインのつくられた国を意識すると、より「ツウ度」が上がります。スペイン産の生ハムならスペインのテンプラニーリョ、イタリア産ならイタリアのランブルスコ（微発泡の赤ワイン）が相性抜群。郷に入っては郷に従え、なのです。

Points!

- 料理もお酒も基本の流れは「軽↓重」
- ソーヴィニヨン・ブランは前菜から魚まで合う「万能選手」
- 牛は重めのボルドー、豚・鶏はピノ・ノワールなど軽めの赤が合う

店員からも一目置かれる！ グラスワイン「最強モデルルート」

ここではひとつのお手本として、グラスワインの「最強モデルルート」をご提案したいと思います。「白」「赤」「白赤混合」で、5杯飲むルートを考えてみました（3杯で十分！　という方は★のついたものだけ頼んでみてください）。お酒単体で飲んでもおいしさが引き立ちますし、食事とも合うルートになっています。

この順番で頼めば、店員さんからも「おっ、わかってるお客さんだな！」と一目置かれること間違いなし。そして「軽→重」のセオリーに忠実なこのモデルルートどおりに飲んでみることで「あ、重いってこういう感じか」と味の変化に気づくことができますし、食事との相性もより実感しやすくなるはずです。

●赤のみを5杯

1杯目……**ガメイ**
ガブガブガメイ！　ジューシーで軽く飲めます。

★2杯目……**ピノ・ノワール**
繊細なピノは前半で味わってください。

★3杯目……**シラー**
オーストラリアのシラーだとよりジューシー！

4杯目……**メルロー**
メルローとカベルネはブレンドされているのが一般的。
比率で4、5杯目の順番を決めてもかっこいいですね。

★5杯目……**カベルネ・ソーヴィニヨン**
ただし信頼できないお店ならシラーのほうが無難です。

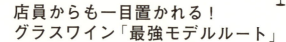

●白のみを５杯

| 杯目……**スパークリングワイン**
シャンパンだと理想的！　ご予算次第ですね。
★２杯目……**ミュスカデ**
キンキンにして、「とりあえずビール」の代わりに。
★３杯目……**ソーヴィニヨン・ブラン**
前菜から、メインの魚料理にも幅広く合う優等生。
★４杯目……**樽を使ったシャルドネ**
重たいシャルドネはクリームソースによく合います。
５杯目……**ゲヴェルツトラミネール**
食事と合わせづらい品種なので、デザートワインに！

白から赤に移るときは、ここまでのワインを組み合わせて**「(スパークリング→）軽めの白→重めの白→軽めの赤→重い赤」**の順番で飲むと舌にも優しく、料理にも合わせやすくなります。

●白→赤５杯

★|杯目……**スパークリングワイン**
★２杯目……**ソーヴィニヨン・ブラン**（軽めの白）
３杯目……**樽を使ったシャルドネ**（重めの白）
★４杯目……**ピノ・ノワール**（軽めの赤）
５杯目……**カベルネ・ソーヴィニヨンかシラー**（重めの赤）

今の季節に合わせて！「春夏秋冬モデルルート」

なんだか楽しくなってきたので、より「ツウ感」バッチリの「春夏秋冬モデルルート」もつくってみました。

春は暖かくなってきたことを喜びながら。夏は抑えられないテンションとともに。秋は涼しさと素材を堪能して。冬は恋人たちの気分を盛り上げるための相棒として——。

季節を感じながら飲むワインは、格別です。

春

1杯目……**桜を連想させるロゼのスパークリングワイン**
おいしいものを見つけづらいロゼのスパークリングですが、むずかしいことは考えずにまずは見た目から！

2杯目……**爽やかなソーヴィニヨン・ブラン**
菜の花など苦味のある山菜とぴったりです。

3杯目……**お口直しに、キリっと引き締まったリースリング**
酸がハッキリしているタイプですね。

4杯目……**辛口のロゼと鶏料理**
肉のなかでも軽めの鶏と合わせるとバッチリです。

5杯目……**春を喜ぶ、陽気なテンプラニーリョ**
春風を感じてぜひ外で飲んでください！

夏

1杯目……**喉を潤すキリッと冷えたミュスカデ**
昼からゴクゴク！　ビール代わりにミュスカデを。

2杯目……**ソーヴィニヨン・ブラン**
夏野菜を使ったバーニャカウダと合わせて。

3杯目……**よく冷えたアルバニーリョ**
初出ですがスペインバルにはよく置いてあります。

アワビやサザエ、パエリアを食べながら。

4杯目……**よく冷えたロゼ**

昼下がり、テラス席でカジュアルに飲みたいですね！

5杯目……**軽めのピノ・ノワールを少し冷やして**

少しだけ冷やしたピノ・ノワールで締めましょう。

秋

1杯目……**しっかりとしたカヴァ**

肌寒い秋。トーストのような香りが馴染みます。

2杯目……**鮭や秋刀魚、牡蠣と合わせた純米酒**

第2章からフライング。魚介に合わせ日本酒を！

3杯目……**ボジョレーのガメイ**

脂の乗ったカツオやブリなどの魚介と相性よし。

4杯目……**果実味豊かなマルベック**

実りの季節を、果実味豊かなマルベックで。

5杯目……**濃厚な秋の味覚とカベルネ・ソーヴィニヨン**

晩秋から出始めるジビエなど、お肉料理と。

冬

1杯目……**恋人たちの雰囲気を盛り上げるシャンパーニュ**

メリークリスマス！　特別な日にはシャンパンを。

2杯目……**冬の海の味覚と甲州ワイン**

白子は生臭さを感じさせない日本ワインとともに。

3杯目……**濃厚ソースの白身魚と樽を使ったシャルドネ**

濃厚なソースはクリーム感のあるシャルドネで。

4杯目……**落ち着きのあるメルロー**

恋人の語らいには主張しないメルローがお似合い？

5杯目……**ジビエとも合うシラー**

野性味を、スパイシーなシラーが打ち消します。

おいしいお店の「見分け方」

「最強モデルルート」、いかがでしたか？　僕はなんだかお腹が空いてきました。

このコースのように流れで楽しむにしても、1杯だけじっくり飲むにしても、そもそもおいしいワインを飲むためにはおいしいワインを出してくれるお店に行かなくてはなりません。

そこで、飲食店を渡り歩いてきた僕が見つけた「おいしいお酒を出すお店の見分け方」をご紹介したいと思います。

◉グラスワインが赤白3～5杯ずつあれば間違いない

ずばり、**グラスワインが「赤白それぞれ1種類ずつ」のお店は、オススメできません。**

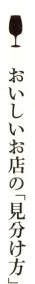

一方で**グラスワインが赤白それぞれ3～5種類ずつ**、2人で飲んでも1周できないくらい揃えてあれば、間違いなくワインに力を入れている「いいお店」です。電話やホームページで、グラスワインが何種類用意されているか確認するといいでしょう。

なぜ、グラスワインの数が指標になるのか？

まず、お店からすると、一度開栓したワインがなかなか注文されず、廃棄することはもっとも避けたい事態です。だから、グラスワインの銘柄はなるべく絞りたい。

それでもグラスワインをいくつも出すということは、ワインのバリエーションを楽しんでほしいという気持ちの表れです。とくに、ダメになるのが早いスパークリングワインがグラスで提供されていたら、お酒に力を入れているうえに客の回転がいい証拠。人気店だとも言えるでしょう。

それに、**ワインと食事を楽しむのなら、ボトルよりグラスのほうが絶対オススメです。**せっかくいろいろ食べるのに、ボトルを開けてずっと同じワインを合わせることになってしまうのは、じつはちょっともったいないのです。

なにより、**デートのときはいろいろな種類のワインを頼んで「一口ちょうだい」「あ、**

これ好き！」なんて会話ができると、自然といい雰囲気になります！　いろいろな味とドキドキを同時に楽しめるというわけですね。

◉避けるべきは「匂いに鈍感なお店」

ワインは味だけでなく、香りも楽しむもの。グラスを鼻に近づけたときの香りはもちろん、**飲み込んだ後に鼻から「フン」と息を吐き出すとワインの余韻を感じることができます。**毎回やる必要はありませんが、一度でいいので鼻から抜ける香りと、その余韻を実感してみてください。おそらくみなさんが想像しているよりも、ハッキリと違いが楽しめると思います。

そんなとき、隣の席のおじさんたちがタバコを吸っていたら興ざめです。ワイン由来の樽の香りなのか、隣のタバコの香りなのかわからなくなってしまいますよね。事前にチェックして、なるべく**禁煙のお店を選ぶ**ようにしましょう。

また、**水がおいしくない店は、ワインにもこだわっていない可能性アリ。**水そのものがおいしくない場合はもちろんアウトですが、グラスが汚い場合も水は臭くなります。そのグラスと同じように洗われたワイングラスも、また然り。席数が多い飲食店は食器洗浄機を使用しますが、ほかのお皿と一緒にまとめて洗ってそのまま乾燥させると、どうしても匂いがついてしまうんですね。これでは、ワインの香りなどわかったものではありません。

はじめて行く店ではまず「薬を飲みたいので」と言って水をもらい、臭かったらすぐさま立ち去る……のはちょっとムリだとしても、その店で超高級「背伸びワイン」は頼まないほうがいいという指針にはなるでしょう。

Points!

- グラスワインを赤白3～5種類ずつ揃えていれば間違いなくいいお店
- 水がおいしくないお店はワインもこだわっていない

もう店員の目が気にならない！ワインのマナーは至ってシンプル

ワインを飲むとき、店員さんから「値踏みされている」と感じる人は少なくないようです。飲み慣れていないように思われるのは恥ずかしいし、「この店にふさわしくない」なんて思われるのもイヤ……。

もちろん店員さんたちは決してそんなイジワルな目で見ていませんが、お酒を楽しむにはそれにふさわしいちょっとしたマナーがあるのも事実。どうせならここでさりげなくて正しい、大人の振るまいをさくっとマスターしてしまいましょう。

◉グラスってどう持つのが正解？

グラスは足の真ん中を持つのがマナー。さらに優雅に見せたいなら、下のほうがベストです。

ときどきマフィアのボス然としてグラスの足を指で挟み、手のひらで包み込むように持つ方がいらっしゃいますが、あれはブランデーの持ち方。温度を上げることで、より香りを立たせているのです。

でも、ワインをお店で飲む場合、おいしく飲めるちょうどいい温度で提供されているはずです。ブランデー風の持ち方は温度を過度に上げてしまい、おいしさを損ねてしまう可能性があります。

ただし、頼んだ赤ワインの温度が低すぎて香りが立っていないときなど、あえて温度を高めたいときは手のひらで包み込んでも構いません。

また、みなさんの周りには「マフィア持ちおじさん」とは別に、やたらワイングラスを回し続ける「ぐ

るぐるおじさん」はいませんか？　遠心力でいまにもグラスから飛び出しそうなワインを見ていると、ハラハラしてしまいますよね。あのようにグラスを回すことを「スワーリング」と言います。

スワーリングはまだ開ききっていないワインを強制的に空気に触れさせることで、味の変化を早めるために行うものです。**香りをかいで2～3回クルクルッと回すと、かっこよくキマります。**「ぐるぐるおじさん」には申し訳ないのですが、それ以降の回転にあまり意味はありません。どうせグラスを口に運ぶごとにワインは空気と混ざりますから、回しまくる必要はないんです。

また、意外と知られていないのが「回す向き」。回しすぎたときに遠心力で相手にかからないよう、自分

に向かって――つまり、**右利きの場合は反時計回りに、左利きの場合は時計回りに回すのが正解です。**

◉テイスティングってどうすればスマート？

テイスティングには、2種類あります。ワインを品評するためにプロが行うテイスティングと、お店でボトルを開けるときに行うテイスティングです。みなさんがやるのは後者で、「ホスト・テイスティング」と呼ばれています。

ホスト・テイスティングの目的は、ワインが傷んでいないか……もっと正確に言うと「ブショネ」と呼ばれるカビ臭さがないかをチェックすることです。ブショネがあったとしても素人はかぎ分けられないことが多いのですが（ソムリエも、ちょっとくらいのブショネならそのまま出してしまうこともあります）、まあ儀式のようなものですね。

ホスト・テイスティングの起源は、毒味。自分の城に招いた人が、敵対する国の客人に「毒は入っていませんよ」と示す目的で始まったと言われています。このようなルーツを持つ単なる儀式ですから、**注がれたら軽く1回スワーリングして、一口飲んで「はい、これで大丈夫です」と答えればＯＫ**。「豊かな果実味ですね」などと言う必要はありませんし、逆に「好みじゃないのでチェンジ」もマナー違反です。

万が一「なんだかカビ臭い、ブショネかも？」と気になったら、**「……これは、こういう香りのものなんですか？」**と控えめに聞いてみましょう。

ホスト・テイスティングは、基本的にはそのワインを注文した人が行います。ソムリエがボトルを開けてひとつのグラスにほんの少しだけ注いで出したら、それはテイスティングの合図。「たったこれだけですか？」なんて聞いてはいけません。

ただ、ソムリエは抜いたコルクの香りからブショネでないことを確認していますから、場が盛り上がっているときなどはテイスティングしなくてもＯＫです。店員さんも「だいぶでき上がっているな」と思ったら「テイスティングはなさいますか？」と聞きますし、だいたい「いや、いいです」と返されます。

わざわざ「しますか？」と聞くときは「しないと言われるだろうな」と思っているとき、

というわけです。

もう1ステップ、大人の階段を上りたい方。ホスト・テイスティングした後に、**「デキャンタージュ（ボトルからデキャンタという大きめの容器に移して空気に触れさせること）したいか」**と、**「温度をどうしてほしいか」**まで突っ込むと、かなりツウっぽいです。

デキャンタージュするのは、開けたワインがまだ若く、熟成を一気に進ませたいとき。また、硫黄や腐った卵のようなニオイ（還元臭と言います）が強く、空気と触れさせて悪い香りを飛ばしたいときに行います。後からクルクルと何度もスワーリングする必要があるようなワインであれば、先に**「少し硬いのでデキャンタージュしていただけますか？」**とお願いしましょう。

ちなみに、デキャンタージュは長期熟成させるボルドー系のワインで行うもので、ブルゴーニュ系や熟成させない早飲みタイプのワインなどは、デキャンタージュしてもあまり変化がありません。

ワインの温度も、香りを大きく左右する要素です。せっかく店がいいと思う温度で提供してくれているのにそんな提案をしていいのかドキドキするかもしれませんが、ワインは本来「嗜好品」、つまり自分の好きなように楽しむもの。**「もう少し冷やしたいと思うんですが、どうでしょうか？」**と質問っぽく聞くといいでしょう。オススメできないときは、ちゃんと教えてくれますよ。

◉乾杯ってグラスをぶつけていいの？

ちまたでは「ワインの乾杯ではグラスをぶつけてはならない」とまことしやかに言われているそうですが、割れない程度の勢いならまったく問題ありません。ソムリエのメンバーで飲むときだって、「カンパ〜イ！」と言ってカチンと合わせます。

スペインやイタリアの乾杯では、コップやロックグラスにワインを注いで明るく楽しく思いきりぶつけますし、ワインだからって気取る必要はないのです。皇室の晩餐会やよほどお店の格が高い場合は別ですが、お酒を飲める喜びを素直に表しましょう！

◉ボトルはどう注ぐべき？　どう注がれるべき？

ボトルを入れた場合、セルフサービスで空いているグラスにワインを注ぎ足すこともありますよね。このとき、相手が先輩であろうと社長であろうと、**ボトルは片手で持つのがスマートです。**ただし、女性で腕力に自信がない人は両手でもＯＫ。安全第一ですね。

注ぐときは口から垂れたワインでラベルが汚れないよう、上か横を向けます。ソムリエの世界ではボトルのラベルは「顔」なんです。

お店によっては白いふきんがボトルの近くに置いてあったりワインクーラーにかけてあったりしますが、注ぎ終わったときに左手でボトルの口をすっと押さえ、液だれを防ぐためのものです。とくに赤ワインの場合は「真っ白でなんだか汚しにくい……」という声をいただきますが、ソムリエもどんどん汚します。あとで漂白剤をかければキレイに落ちますので、気にせず汚しまくってください。

逆に、注がれるときには、「**グラスが倒れないよう、下に手をそっと添える**」のがマナー。**ビールのようにグラスを持ったり斜めにしたり、両手を添えたりしてはいけません。**

Points!

- スワーリングは2～3回転させるだけで十分
- テイスティングは「はい、大丈夫です」とだけ答える
- 乾杯は、グラスをぶつけたっていい！

お店側が「聞けないけど、知っておきたい」と思っていること

じつは、よりよいサービスをするためにお店側も「あらかじめ知っておきたい！」と思うことがあります。

それは、使用用途。デートなのか会食なのかでどの席にするかを考えますし、食事中の気遣いの方向性も変わるからです。ハッキリ「デートです」と言ってくれるとお店側も全力でサポートしやすいのですが、さすがに恥ずかしいですよね。そんなときオススメのフレーズは**「男女２人で、できればカウンターで」。**これでデートだと察しない鈍い店員さんはいないはずです。

なぜ、テーブルよりカウンターがいいか？　正面は心理学的にもケンカする位置だし、カウンターのほうが距離も近いし、なにより**「このワイン、一口ちょうだい」がしやすくなる**からです。

ちなみに、三ツ星を取るようなフレンチレストランでは、席の配置は超重要事項。お金を使いそうな華やかな格好の人を真ん中に配置し、一見《いちげん》さんは極端な話、トイレの近くへ配置されてしまいます。

こんなことをする格の高い店は、マナーにも厳しいし「客の格」も見ます。まずは本書でワインの選び方をマスターしてから乗り込みましょう！

③ 宅飲み編

「ハズさないワイン」との出会い方

おいしくワインを飲みたいのは、なにも外食のときばかりではありません。ホームパーティ、一人飲み、気になるあの人を誘って、家族とゆったり……。

そんなシチュエーションでは、どんなワインを選べばいいのか？　どんなおつまみと合わせると最高の「おうちワインタイム」になるのか？　「宅飲み編」では、カルディなどの輸入食材を扱う店、スーパー、コンビニでそれぞれおいしいワインと出会うための方法をお伝えしたいと思います。

◉安いワインはコップのほうがおいしい

ニューワールドのワインは安いだけでなくジューシーですから、宅飲みのようなみんなでワイワイする場にぴったりです。こういった「ワイワイ系」のワインのときは、コップでガブガブ飲んだって構いません。いや、むしろ、**安い酒はコップのほうがおいしく飲めるのです。**

なぜか？　ちゃんとしたワイングラスで飲むと香りが立つため、欠点も見えやすくなってしまうからです。だから、水よりもワインが安いようなイタリアやフランス、スペインといった国には「コップ酒文化」があります。欠点には目をつぶって、とにかく楽しく飲む。コップ酒、なかなかいい文化ですよね。

◉「コルクのほうが高級」は前時代の話

「コップ酒」に代表されるようにワインといえど気取らないニューワールドでは、手でひねって開けられるスクリューキャップが主流になってきています。

「コルクのほうが高級」「コルクのほうがおいしい」というのは、もう前時代の話。いまはスクリューキャップでもおいしいワインが山ほどあります。ワイナリーのなかには、「常識を覆したい」とあえて最高級ワインにスクリューキャップを使うところもあるんです（ソムリエとしては、キュポッとコルクを抜く仕事がなくなるのは寂しいことですが）。

スクリューキャップの魅力は、なんといっても扱いやすさ。コルクは乾燥すると収縮して空気が入りすぎてしまうため、横にしてコルクを湿らせるよう保管しなければなりません。それに、オープナーが必要だし、飲みきれなかった場合はキャップを用意する必要があります（じつは市販のキャップをわざわざ買わなくても、サランラップに輪ゴムでも構わないんですけどね！）。

一方でスクリューキャップは、冷蔵庫に立てて保管してもいいし、手で開けられるし、飲みきれなかった分はもう一度キャップを閉めるだけ。コルクからカビ臭が移る「ブショネ」の心配もありません。便利なうえに扱いやすいスクリューキャップは、これからさらに普及していくこと間違いナシでしょう。

◉予算2000円で酒屋・輸入食料品店を探す

近年、カルディに代表されるような輸入食品を売っているお店も街に増え、同時にワインの選択肢も増えてきました。でも、そのなかから「これ！」と思えるワインを選ぶのは至難の業。お店のランキングや「○○賞受賞！」「パーカーポイント何点！（世界的に有名なワイン評論家による、100点満点の評価法）」「マンガ『神の雫』で掲載！」といったうたい文句がところ狭しと貼られ、目移りしてしまいますよね。

でも、ワインには数え切れないくらいたくさんの賞があり、そのレベルもピンキリです。著名な評論家にしても、どのワインが好きかは人によって本当にそれぞれですから、自分の好みと合うかどうかなんてわからないわけです。

もちろん「『神の雫』に掲載されたワインだよ！」とホームパーティに持っていけば盛り上がりますし、それはそれでまったく問題ありませんが、**基本的には受賞歴や「誰々がほめた」といった要素は排して考えましょう。**ヴィンテージも、よっぽどの玄人でなければ混乱するだけなので、まずは無視して構いません。

大事なのは、やはり品種。加えて、宅飲みワインを選ぶときはシチュエーションにも注目してみましょう。どんな仲間と飲むのか？　年輩の人がいるのか？　……一言で言えば、**飲み慣れている人が多いのか少ないのかに注目すると、宅飲みワインはぐっと選びやすくなります。**

ここでは、いずれも予算は2000円以内として考えてみましょう。

●スパークリングワイン

「モエ・エ・シャンドン（Moët & Chandon）」「ヴーヴ・クリコ（VEUVE CLICQVOT）」といった有名なものは予算オーバーですが、「カヴァ（cava）」と書いてあるものなら、1000円前半からいいものがあります。

「カヴァ（cava）」はスペイン語で、この4文字には「瓶内二次発酵しているスパークリングワイン」という意味が込められています。簡単に言えば、炭酸がしっかり溶け込むよう、「シャンパンと同じつくり方をしたスペイン産のスパークリングワイン」だということです。**予算2000円以内でスパークリングワインを選ぶのであれば、「カヴァ」で決まりです。**

次に、白ワインと赤ワイン。まずはボトルの形を思い出してください。なで肩は渋味（タンニン）が少なく柔らかいワイン、いかり肩はしっかりとタンニンを感じるワイン、そしてシュッと細長いのがドイツのリースリングでしたよね？　実際に店頭でワインを選ぶときは、ボトルの形を目印にするだけでも目的に合ったワインを選ぶことができます。

●白ワイン

白ワインを選ぶときは、**普段あまりワインを飲まない人がいるならシュッとしたボトル**

——そう、リースリングを探します。クセがなく、嫌いな人が少ないのです。女性が多いのであれば「甘口」と書いてあるものを選びましょう。

年輩の方やワインを飲み慣れている人が多そうな会だったら、少し予算をオーバーして3000円以上のフランスワインに手を出したほうがいいかもしれません。というのも、まだまだ年輩の方には「チリワインなんて三流！」という先入観を持っている人も多いからです。無難なところでは、フランス産のシャルドネ。あるいは、ニューワールドにしては少し値段が上がりますが、3000円程度のニュージーランドのソーヴィニヨン・ブランは、ほぼ間違いなくおいしいでしょう。

とはいえ、最近とくに輸入食品店では目効きがバイヤーを務めているため、1000円台でも大外しすることはあまりありません。必要以上に不安がる必要はないでしょう。

●赤ワイン

次は、赤ワインです。**飲み慣れていない人がいるなら、「なで肩」ボトル。**ピノ・ノワールあたりがいいですね。飲み慣れていない人はだいたい渋味が苦手ですから、香りが華やかでスルスル飲めるワインを選びます。コスパのいいカリフォルニアのピノ・ノワールなどはいかがでしょうか。

飲み慣れている人が多い会であれば、「いかり肩」ボトル。少し予算に余裕があればフランスの黒ワイン、別名「カオール（CAHORS）」なんていかがでしょうか？　色の濃さから想像できるとおり渋味十分、玄人受けします。

コスパ重視でいくのなら、お店で飲むときと同じくフランスやイタリアなどの旧世界を外し、ニューワールドのものを選びます。うまくいけば、予算3000円で2本買えるかもしれません。

いろいろとオススメしてきましたが、「とはいえ、人の家に持っていくんだから見た目も大事！」という人もいますよね。

じつは、**ラベルの好みでワインを選ぶ「ジャケ買い」は、意外とアリです。**

ラベルには、造り手の思いが詰まっています。オシャレなデザインは若い人に飲んでほしいと思っていることの表れだし、クラシカルなデザインは複雑な味のワインの可能性が高い……といったように、**ラベルが飲み手を「逆指名」してくれているとも言えるわけで**

す。

パッと見のセンスでも、ワインを選ぶ楽しさがある。これは、ワインリストから選ぶときとのいちばんの違いかもしれませんね。

◉スーパー・コンビニでも買える「絶対ハズさないワイン」を一挙紹介！

できれば餅は餅屋……ではなく酒は酒屋で買ってほしいのですが、そう言っていられないときもありますよね。近くに品揃えが豊富なお店はないけれど、どうしてもお酒を飲みたい。買い物ついでに、お酒も買って帰りたい——。

しかし、スーパーやコンビニでおいしいお酒を買うのは、かなりむずかしいことだと先にお伝えしておきましょう。輸入食品店の場合は「おいしいワインを探す！」という前向きな選び方をご紹介しましたよね。一方、スーパーやコンビニは「最低限、ハズさない」というかなり後ろ向きな選び方になってしまうのです。

結果として、僕が推奨するのは「知っているワインを選ぶ」という方法になります。

「知っているワイン」として覚えておくと便利な銘柄を、136ページから表にしました。そのなかでも代表的なのが、**自転車のイラストがポイントの王道「コノスル（Cono Sur）」**。一口にコノスルと言ってもカベルネ・ソーヴィニヨンやメルローからビオまで幅広いラインナップが揃っていて、「選ぶ楽しみ」も提供してくれるんですね。格安ワインのなかでは、頭ひとつ飛び出るのがこの銘柄です。

また、スパークリングワインの「フレシネ」もときどき見かけますが、これは「カヴァ」。スーパーに置いてあるスパークリングワインでこれ以上のものはないでしょう。ただし、スーパーではだいたい常温で置いてあるので、飲む前にしっかり冷やしましょう。

ものすごくおいしいわけではありませんが、どこにでも置いてある安ワインとして「ジェイコブス・クリーク（Jacob's Creek）」もオススメです。オーストラリアの大衆ワインですね。僕も以前オーストラリアに3週間いたときには、毎日のようにジェイコブス・クリークを飲んでいました。また、**赤ワインを選ぶならチリ産のものがベター。**コスパのいいものに出会いやすいはずです。

簡単な味の説明
バランスのよいフルボディの赤。スペイン語で「悪魔の蔵」を意味する。かつて、そのおいしさからワイン泥棒が多発。泥棒を遠ざけるため、「あのワイナリーには悪魔が棲んでいる」と噂を流した。
コスパ抜群のコノスル社。チリ特有ということでカルメネールを挙げましたが、どの品種でもハズしません。
牛のマスコットが目印。完熟したブドウの力強さが感じられる、いかにもスペインらしい赤。
リーズナブルながら、樽熟成によるバニラ香とシルキーなワインが調和している1本。
オーストラリア最高峰の赤ワインを生み出すワイナリーのリーズナブルな商品。完熟したベリー系のアロマと樽熟成による複雑な香りが高級感を演出する。
『神の雫』というワイン漫画に掲載されてから多くのお店で扱われるようになったイタリアの凝縮感あふれるフルボディ。手に入りやすく、かつハズれない。
もしこの価格帯で見つけたらオススメ。ドメーヌ・ド・ラ・ロマネコンティという超名門の蔵で修業を積んだ醸造家が、カリフォルニアでつくっている。
チリ最高峰ワインのひとつの、セカンドラベル（造り手が「自分の名前を冠するファーストラベルには値しない」と判断したワイン。コスパがよく人気)。90年代のチリワイン界に衝撃を与えた。
ブルゴーニュに渡った日本人醸造家「仲田晃司」さんの、繊細な日本人らしさが表現されたワイン。ワインづくりに必要な3要素「天・地・人」をあしらったオレンジのラベルが印象的。

価格別ハズさない赤ワインリスト

赤		商品名	メインの品種	国
1000〜1500円	A	カッシェロ・デル・ディアブロ カベルネ・ソーヴィニヨン	カベルネ・ソーヴィニヨン	チリ
	B	コノスル カルメネール	カルメネール	チリ
	C	サングレ・デ・トロ	グルナッシュ	スペイン
1500〜2000円	D	マルケス・デ・リスカル ティント・レゼルヴァ	テンプラニーリョ	スペイン
	E	ペンフォールズ クヌンガヒル シラーズ	シラーズ	オーストラリア
	F	カサーレ ヴェッキオ モンテプルチアーノ・ダブルッツォ	モンテプルチアーノ・ダブルッツォ	イタリア
2000〜3000円	G	カレラ・ピノ・ノワール ジェンセン	ピノ・ノワール	アメリカ
	H	アルバ・デ・ドムス	カベルネ・ソーヴィニヨン	チリ
	I	ルーデュモン ブルゴーニュ パス・トゥ・グラン キュヴェ・タガミ	ピノ・ノワール	フランス

Ⓔ 1500 ～ 2000円
ペンフォールズ
クヌンガヒル シラーズ

Ⓕ 1500 ～ 2000円
カサーレ ヴェッキオ
モンテプルチアーノ・
ダブルッツォ

Ⓖ 2000 ～ 3000円
カレラ・ピノノワール
ジェンセン

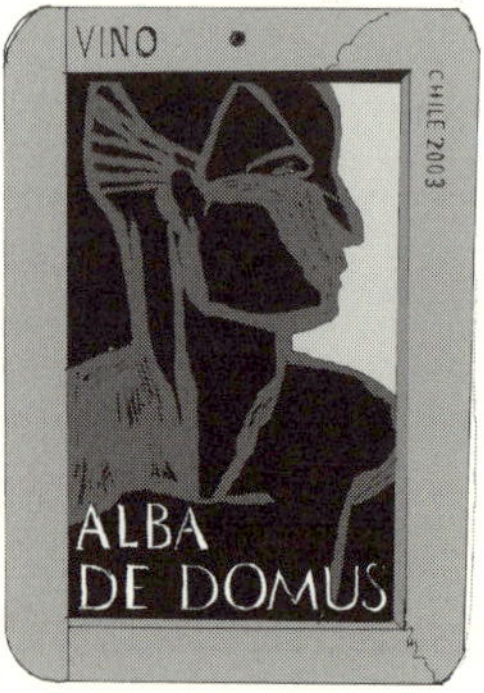

Ⓗ 2000 ～ 3000円
アルバ・デ・ドムス

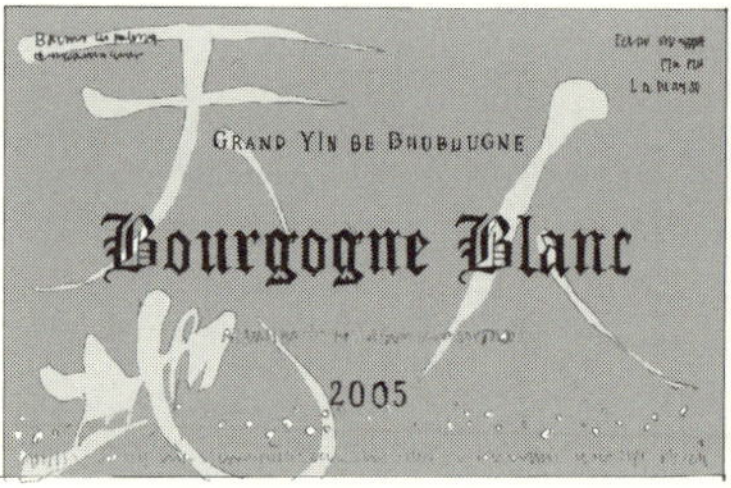

Ⓘ 2000 ～ 3000円
ルーデュモン ブルゴーニュ
パス・トゥ・グラン
キュヴェ・タガミ

価格別ハズさない赤ワインリスト（ラベルイメージ）

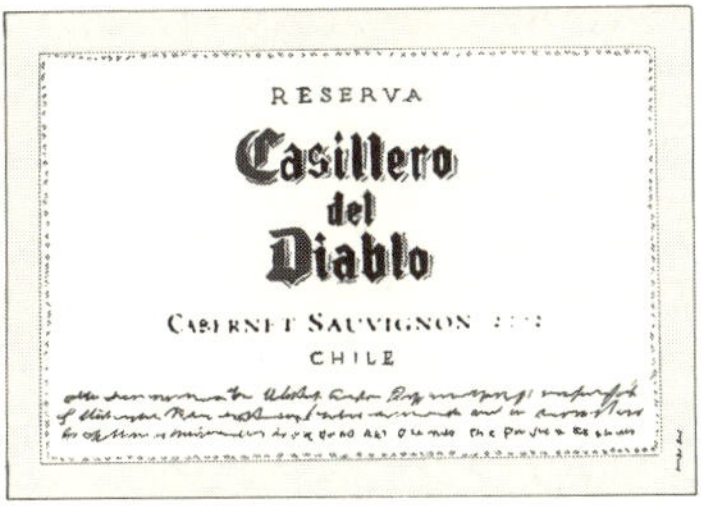

Ⓐ 1000 ～ 1500円
カッシェロ・デル・ディアブロ
カベルネ・ソーヴィニヨン

Ⓑ 1000 ～ 1500円
コノスル
カルメネール

Ⓒ 1000 ～ 1500円
サングレ・デ・トロ

Ⓓ 1500 ～ 2000円
マルケス・デ・リスカル
ティント・レゼルヴァ

簡単な味の説明
シュヴァルツェ カッツという名で複数のメーカーから販売されている。いずれもやや低アルコールの中甘口ワインで、ワイン初心者の方にも飲みやすい。
初出の品種ですが杏、白桃などの香りが特徴的な「ヴィオニエ」が実はオススメ。この価格でヴィオニエが飲めるなんてコノスル以外のブランドでは考えられません！
コノスルと同様、多品種で高いコストパフォーマンスを発揮するオーストラリアのジェイコブズ・クリーク社のシャルドネはハズレなし！
「伝説の男」と呼ばれるピーター・レーマンがつくるワイン。オーストラリアワインを語るうえで欠かせない逸品。特に赤のシラーズと白のリースリングはオーストラリアの大地の恵みを感じる。
モスカート・ダスティの名で複数のメーカーから販売されている。甘口微発泡のイタリアワインで、ワイン初心者女子の心をツカめる１本。
山梨ワインを代表する中央葡萄酒のワイン。爽快な辛口で、醤油や出《だ》汁《し》を使った日本料理との相性が抜群。
楊貴妃が愛した「ライチ」の香りを持つワイン。桃源郷に訪れたような神秘体験ができる……かも。
爽やかな果実の清涼感あふれる味わいと美しい酸が特徴的。ニュージーランドワインを世界のステージに上げた革命的な逸品。
ロワールの天才醸造家ティエリー・ピュズラーが立ち上げた銘柄。ハートとお尻を合わせたラベルがチャーミング。

価格別ハズさない白ワインリスト

白		商品名	メインの品種	国
1000〜1500円	A	シュヴァルツェ カッツ ※複数メーカーあり	リースリング	ドイツ
	B	コノスル ヴィオニエ	ヴィオニエ	チリ
	C	ジェイコブス・クリーク シャルドネ	シャルドネ	オーストラリア
1500〜2000円	D	ピーター・レーマン リースリング	リースリング	オーストラリア
	E	モスカート・ダスティ ※複数メーカーあり	モスカート・ビアンコ	イタリア
	F	グレイス甲州	甲州	日本
2000〜3000円	G	ヒューゲル アルザス ゲヴュルツトラミネール	ゲヴュルツ トラミネール	フランス
	H	クラウディ・ベイ ソーヴィニヨン・ブラン	ソーヴィニヨン・ブラン	ニュージーランド
	I	ピエール=オリヴィエ・ ボノーム トゥーレーヌ ヴァンクール・ブラン	ソーヴィニヨン・ブラン	フランス

❺ 1500 ～ 2000円
モスカート・ダスティ
※複数メーカーあり。
「MOSCATO D'ASTI」の
文字が目印

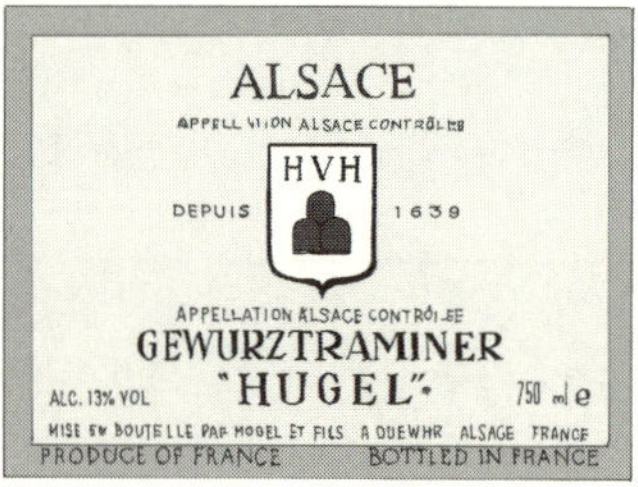

❻ 1500 ～ 2000円
グレイス甲州

❼ 2000 ～ 3000円
ヒューゲル アルザス
ゲヴェルツトラミネール

❽ 2000 ～ 3000円
クラウディ・ベイ
ソーヴィニヨン・ブラン

❾ 2000 ～ 3000円
ピエール＝オリヴィエ・
ボノーム トゥーレーヌ
ヴァンクール・ブラン

価格別ハズさない白ワインリスト（ラベルイメージ）

Ⓐ 1000～1500円
シュヴァルツェ カッツ
※複数メーカーあり。黒猫と
「SCHWARZE KATZ」の文字が目印

Ⓑ 1000～1500円
コノスル ヴィオニエ

Ⓒ 1000～1500円
ジェイコブス・クリーク
シャルドネ

Ⓓ 1500～2000円
ピーター・レーマン
リースリング

◉「国内産ワイン」は買ってはいけない

少々余談になりますが、スーパーのお酒売り場で1瓶数百円のワインを見て、「どうしてこんな価格でワインができるんだろう」と疑問に思ったことはありませんか？　じつはこれらの格安ワイン、安くするためのカラクリは製造過程にあります。

まず、アルゼンチンのような人件費も土地も安い国でブドウを収穫し、そのままジュースにしてしまいます。そのジュースをぎゅっと濃縮して輸出し、日本で濃縮還元。そのジュースを使ってワインに醸造していくのです。

つまり、そもそものブドウづくりのコストが低いうえに、国を通過する時点でお酒ではないため、関税も低く抑えられる。さらに濃縮して運んで日本で戻すため、ワインを運ぶときに比べて同じスペースで運べる量が増え、輸出コストが下がる。こうして数百円のワインができあがるというわけです。

もちろん、「おいしいワインをお客様に届けたい」という発想でつくられたワインではないので、僕はオススメしません。こうした「酔えればいい」系のワインは**「国内産ワイ**

ン」と表記され、マスカット・ベーリーAのように**日本のブドウを使っているときは「日本ワイン」**という表記になります（業界内では使い分けているのですが、一般消費者にはまだまだ浸透していませんよね）。

あまりにも安いワインに出会ったら、表記を確認してみてください。おいしいワインと出会いたいなら、**「国内産ワイン」だけは避けるべし**、なのです。

◉人気者になれる持ち寄りおつまみ集

ワインに加えて、みんなが喜ぶおつまみを持っていくと場が盛り上がりますよね。組み合わせの妙で、ついつい飲みすぎちゃったり……ここでは、そんな持ち寄りパーティで便利なおつまみをご紹介します。

●チーズ

・**6Pチーズ**……その最大の魅力は、安さと手に入りやすさ。僕も好きです。重厚な赤ワイン以外、なんでも合いますよ。

・**カマンベールチーズ**……人によって好き嫌いがあまりない、無難なチーズです。しっかりめのベーシックなボルドー系のワインともよく合います。だいたいワイン売り場の近くに置いてあるので、1軒の店で買い物が終わるのもメリットかもしれません。

・**ブルーチーズ**……苦手な人からは「臭い！」と言われるかもしれませんが、超甘口の白ワインとの相性は最高です！　ハチミツと一緒に食べて超甘口の白ワインを口に含むと、至福のときが待っているはず。少し、玄人向けですね。

・**ウォッシュタイプ**……こちらも「臭い！」と言われる可能性があるタイプのチーズ。やはり白の甘口がオススメです。

・**ミモレット**……あまり苦手な人がいないミモレット。何にでも合いますが、とくにピノ・ノワールなど軽めの赤との相性は抜群です。

●ドライフルーツ

フルーツの種類は、飲むワインの色に合わせましょう。パイナップルやリンゴのように色が白や黄のものは、白ワイン。イチジクのように赤色が薄いフルーツにはピノ・ノワール、ブドウのように濃いフルーツにはボルドー系がハナマルです。

● **ナッツ**

熟成するとナッツのような香りが生じる、ボルドー系のしっかりした赤ワインがよく合います。

Points!

- **「2000円以下のスパークリング」ならカヴァ一択**
- **スーパーやコンビニで赤ワインを買うなら、チリワイン**
- **ドライフルーツは、ワインの色と合わせる**

おいしい飲み方・保存のしかた

◉ワインってどのくらいの温度で飲めばいいの？

「赤ワインは常温で」とよく言いますが、それは本場フランスでの話。日本とフランスで、とくに夏は「常温」がまったく違います。うっかり真夏の常温で保管してしまった赤ワインは、飲めたものではありません（反対に赤ワインを冷やしすぎると、渋味が主張しすぎて飲みづらくなってしまいます）。

ワイン界の常温は、16度～18度。目安として、**赤ワインは飲む1時間くらい前に冷蔵庫から出しておくとちょうど飲みごろになります。**ざっくりと「**5分でおよそ1度上がる**」と覚えておくといいでしょう。

とはいえ、夏はどうせぐんぐん温度も上がるので、直前まで冷やしておいても構いません。最初は少し冷たいかな？　と感じるかもしれませんが、その場合手のひらであたためてもいいわけですから。

赤ワインならブルゴーニュ系の酸味が効いているもの、白ワインならリースリングの辛口などシャープな酸が強いものは、冷やしめがオススメです。逆に、まろやかな酸のものは比較的高めの温度がいいでしょう。

◉ワインって冷蔵庫で保管していいの？

「ワインセラーを持っていないから、普段から家にワインを置いておけない」「でもいざ飲みたくなると、買いにいくのがめんどくさい！」という悩みを持っている人は多いかと思います。でも、心配ご無用。**冷蔵庫の保管も、未開封で1か月、開封後で1週間程度ならまったく問題ありません。**少なくとも、お酒に賞味期限はないので、腐ることはないのです。

また、一度開封したあとも、冷蔵庫で保管さえすれば、市販の「シュコシュコ」タイプの空気抜きを買う必要はありません。正直やってもやらなくてもあまり変わらないし、変化した味を追いかけるのもまたワインの楽しみ方ですから。

ただし、変化することで劣化するかおいしくなるかは、ワインによって違います。ツンとした酸のワインも放置しておくことで自分好みの変化を遂げるかもしれないし、よりツンとしてしまうかもしれないのです。とくにビオワインは酸化防止剤が少ないため味の変化が大きく、どんな姿になるかワクワクできるワインだと言えます（ただし、酸化防止の亜硫酸が一切入っていないビオワインは長期保存には向きません）。

◆◆◆

いかがでしょうか？　自分の好きな品種は見つかりましたか？　店員さんと話すのは、怖くない。気後れする必要も、緊張する必要も、劣等感を持つ必要もない。ワイン選びは、楽しい！　……と思ってもらえたでしょうか。あとは、場数を踏めばどんどんこなれていくはずです。

さて、続いて日本酒に入ります。

最近ではワイン好きな若い人が、どんどん日本酒も好むようになってきています。もはや、「おじさんの飲み物」ではありません。旨みたっぷり、フルーティで甘さがたまらない、ときにスッキリした日本酒たち。魚料理や山菜料理など和食を最高に引き立たせる日本酒の世界へ、いざ参りましょう！

Points!

- 赤ワインも冷蔵庫で冷やしてOK。出す目安は「飲む1時間前」
- 市販の空気抜きは、正直あまり意味がないのでいらない
- 未開封なら1か月、開封後も1週間なら冷蔵庫で保管できる

おいしいワインの選び方まとめ

② 店飲み編

1 好きな品種を見つける

赤　コーヒーと紅茶どちらが好き？→70P

白　しめさばはよく炙られている方が好き？→81P

2 自分で選ぶor店員さんにオススメを聞く

「○○（品種）みたいな○○（表現）なものが好きなんですけど何がいいですか？」

	品種	よく使われる表現
赤	カベルネ・ソーヴィニヨン	濃厚な、フルボディの
	ピノ・ノワール	華やかな、いちごのような
	シラー	重厚な、スパイシーな
	メルロー	シルキーな、まろやかな
	カルメネール	シルキーな、まろやかな
	テンプラニーリョ	スパイシーな、陽気な
	マルベック	果実味豊かな、ジューシーな
白	シャルドネ（樽熟成あり）	樽を効かせた、クリーミーな
	シャルドネ（樽熟成なし）	ミネラリーな、何にでも合う
	リースリング	スッキリとした、飲みやすい、シャープな
	ソーヴィニヨン・ブラン	フレッシュな、青々しい、
	ゲヴュルツトラミネール	ライチのような、甘美な

3 慣れてきたら……

A:モデルルートに挑戦→108P

B:違う品種を試す→(下の図)

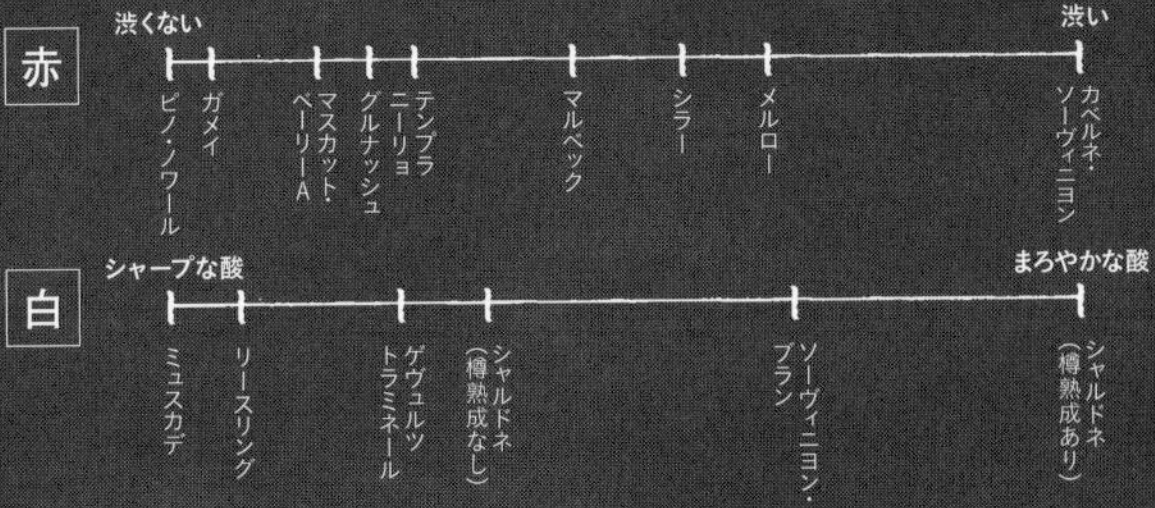

何を頼んだらいいかわからないときのお助けフレーズ

→**「料理に合わせるならどんなものがいいですか?」**

③ 宅飲み編

● 酒屋・輸入食料品店

【みんなで飲むなら】

赤

飲み慣れている人が多い　→いかり肩ボトル
(カベルネ・ソーヴィニヨンなど)

飲み慣れている人が少ない→なで肩ボトル(ピノ・ノワール)

白

飲み慣れている人が多い　→フランスのシャルドネ・ニュージーランドのソーヴィニヨン・ブランなど

飲み慣れている人が少ない→シュッとしたボトル
(リースリングの甘口)

泡

予算多め　→シャンパン

予算少なめ→カヴァ(1000円台〜)

【自分で飲むなら】

店員さんに相談する→右ページ 2 に同じ

● スーパー・コンビニ

ハズさないワインリスト→136P

第2章

おいしい日本酒の選び方

Sake

①基本編
②店飲み編
③宅飲み編

①
基本編

世界が熱狂する日本酒の「ＵＭＡＭＩ」

◎ワインかお味噌汁が好きなら、日本酒も大好きだ

いま、日本酒はその歴史上、もっともレベルの高い時代にあると言っても過言ではありません。

造り手のレベル、輸送や保存の技術が格段に向上し、なにを飲んでもちゃんとおいしい。

どんどん若い造り手が生まれ、それぞれこだわりの日本酒をつくっている——。

しかし、これだけ環境が整っていながら、日本酒が国内で文化として根づいているとはまだまだ言いがたい状況です。**日本酒の評価は、国内よりもむしろ世界からのほうが高い**と言えます。「『SAKE』や『ライスワイン』として世界的に認められている……らしい！」ということで、日本でもようやく見直されはじめた感がある。それに、まだまだ「どちらかというとワインが好き」という人のほうが多いとも感じます。

これは「ガイダンス」でもお伝えしたことですが、もう一度言わせてください。

ワインが好きな人は、日本酒も好きである、と。

どちらも甘さやフルーティさ、酸味が特徴だし、「スッキリ」とか「軽い」といった味を表現する言葉も似ている。とくに**白ワインと日本酒は、味覚的にもかなり近い場所にいる**お酒ではないかと思います。なんと言っても、「ライスワイン」なんですから！　しかも、「ワインに似ているから」だけではありません。舌が和食に馴染んでいる日本人は、日本酒が好きになるはずなのです。

なぜか？　日本酒には、日本文化として世界に評価されつつある「旨味」――「UMA

MI」が含まれているからです。出汁《だし》に代表される「UMAMI」がぎゅぎゅっと詰まっている、唯一無二の飲み物。それが日本酒なんです！

いまや、フランス人シェフはじめ世界中の料理家たちが「UMAMIとはなんぞや？」と注目していて、日本酒を揃えるお店も増えてきました。日本酒が料理を引き立てることに、世界が気づいたんですね。

ましてや、小さいころからお味噌汁を飲み、しいたけや昆布で出汁を取った煮物を食べてきた僕たちが、そのおいしさに目覚めないわけがない！　日本酒を飲んだときにホッとする感覚は、身体のなかに刻み込まれているはずなんです。

◉日本酒の「こむずかしさ」の正体

フランスには、こむずかしいことを考えないでワインを楽しむ文化が根づいています。別にフランス人だからといってワインに詳しいわけではなく、ただ、「そこにあるのが当たり前」なんですね。

でも、日本酒は日本人にとって「そこにあるのが当たり前」にはなっていません。なぜでしょうか？　僕は、その原因は2つあると思っています。

1つ目が、「やたらと通説が多いこと」。

歴史が古く、もともとは身近な存在だったこともあって、日本酒の世界にはさまざまな「通説」がはびこっています。そのせいで誤解が生まれたり、気軽に楽しく飲むはずの「地酒」が遠い存在になったり、「おじさんのもの」的なイメージを持たれたり……。悲しいかな、そうなると若者が離れてしまうのは世の常です。

2つ目が、「日本語なのに何を言っているのかわからないこと」。

たとえば、日本酒の名前。「生酛造《きもとづく》り本醸造熟成生原酒《ほんじょうぞうじゅくせいなまげんしゅ》」といったように、漢字ばかりのうえにやたらと長くて、もはや呪文ですよね。日本酒がよくわからず、とっつきづらく感じるのは、こうした意味不明な呪文……もとい、文言の問題が大きいのは間違いありません。

でも、じつは文言さえ「翻訳」できれば、その日本酒がどんな味なのかもわかるし、造りのポイントもわかる。意外と日本酒って単純でカンタンなんですよ。

本章では、世間のあらゆる通説を明らかにし、呪文のような文言をわかりやすい日本語に「翻訳」する方法をお伝えしていきます。そのなかで、一発で好みの日本酒に辿り着けるチャートも用意しました。

読み終わるころには、「おいしい日本酒選び」ができるようになっていることをお約束しましょう！

Points!

- **いま、日本酒は技術革新により歴代最高レベルにある**
- **日本酒は、国内より海外での評価が高い**
- **日本酒は「翻訳」さえできれば意外にカンタン**

日本酒の通説はウソばかり

それでは、ちまたに溢れている日本酒の4つの通説について、見ていきましょう。「そうそう、そう思っていた！」というものも、「えっ、そんな通説があったんだ」というものもあると思いますが、日本酒の基本を押さえる意味でも、すべての項目に目をとおしていただければと思います。

（通説1）日本酒は悪酔いしやすい……

僕はいま、北信越料理のお店で支配人として働いています。日本海の海の幸と日本酒の相性は、抜群。けれども悲しいことに、日本酒が苦手だというお客さんもときどきいらっしゃいます。その理由の筆頭が、これです。

「日本酒は次の日に残るから……」

「ほかのお酒は大丈夫なのに、日本酒だけは悪酔いして気持ち悪くなるから……」

日本酒の名誉にかけて弁解させてください。これ、日本酒が悪いのではありません。**日本酒がおいしすぎて、ついつい量を飲みすぎてしまうだけです！** スルスルと飲めてしまうけれど、密かにアルコール度数は高い。だから、後からガツンとやられてしまうのです。

悪酔いしないためには、水（日本酒の間に飲む水を「和《やわ》らぎ水《みず》」と呼びます）をしっかり飲むこと。**目安は、飲んだ日本酒と同量以上。**これだけで、翌朝もスッキリと目覚められます。とくに男性陣のなかには、いまだに「お水を一緒に頼むなんてダサい」と思い込んでいる人も少なくないのですが、とんだ勘違いです。また、詳しくはのちほどご紹介しますが、日本酒を温めて飲む「お燗」も悪酔いしづらく、オススメです。

悪酔いしたトラウマがある方や、本当に日本酒初心者でそもそも飲めるか自信がない方は、まずはアルコール度数が低く、甘くて飲みやすい「スパークリング日本酒」を試してみてはいかがでしょうか？　有名なところでは「すず音《ね》」（一《いち》ノ《の》蔵《くら》）や「澪《みお》」（宝酒造）、知名度は少し落ちますが「たまゆら」（橘倉《きつくら》酒造）などが手に入りやすいでしょう。

僕のお店でも、**スパークリング日本酒は普段お酒を飲まない女性に大人気。**「日本酒はちょっと……」という人にも、スパークリング日本酒を飲んでもらえれば、きっと評価を変えてくれるはずです。

（通説2）日本酒のツウは「辛口」を頼む

地球のどこでも、男はバカだ。

――僕がそう確信したのは、日本酒が海外でも「辛口 is 最高！」ともてはやされていると知ったときです。

白ワインにしても日本酒にしても、なぜか男性のみなさんは口を揃えて「辛口が好き」とおっしゃいます。これ、世界中で同じなんですね。「甘口」と言うとなんとなく可愛いし初心者っぽいから、女性や部下の前でカッコつけるために「辛口」と言いたいのでしょう。その気持ちはよくわかります。

でも、ここでみなさんにお伝えしたいのは、**「辛口の日本酒をください」というオーダーでは、本当においしいお酒を選ぶことはできない**ということ。世の辛口信仰は、おいしいお酒を飲むための邪魔になっているのです。

そもそも、日本酒の「辛い」ってどういう味だと思いますか？

じつは、辛さは味のことではありません。アルコールによるピリッとした「痛み」。味覚じゃなくて、痛覚なんです。そもそも、「辛口」という言葉自体が誤解を生みやすいのかもしれませんね。

それでは、なぜ「痛覚」である辛口がここまでもてはやされるのでしょうか？　その理由のひとつに「男はバカ」がありますが、じつはそれだけではないのです。

日本酒の世界では、バブルのころに淡麗辛口ブームが起こりました。とにかく雑味も甘味も旨味もないスッキリとした味がよしとされ、「本格的な酒＝辛い」の構図ができあがったのです。これは、1987年に発売された「アサヒスーパードライ」が巻き起こした「ドライ戦争」の一環とも言えます。

この戦争は、カクテルの世界でも起こっていました。たとえばマティーニ（ジン×ベルモット）もどんどんドライになっていき、「ドライ・マティーニ戦争」というアホな争いが勃発しました。「もう、ジンだけ飲んどきゃいいじゃん！」と言いたくなるような、甘味のないマティーニが求められたんですね。

けれど、ビールはその後「サントリー　モルツ」に代表されるように、麦芽そのものの味が評価されるようになりました。コクや旨味を持つビールが「いいビール」とされるようになったのです。しかし一方の日本酒は、そのまま辛口信仰が残ってしまった。ドライ戦争を始めたビールたちは和平を結んだのに、いまだに日本酒の世界では代理戦争が続いてしまっています。

では、ビールにおける麦芽って、日本酒にとってはなんでしょうか？

そう、お米ですよね。ビールの原材料が麦芽であるように、日本酒の原材料であるお米ならではの旨味と甘味が口の中に広がってこそ、本当においしい日本酒と言えます。日本酒の醍醐味はやっぱり旨味、そして甘味にあるのです。

つまり、**「ツウは辛口」ではなく、「ツウは甘口」が本来の姿。**それに、舌の声に正直になってもらうと、みなさん甘口の日本酒が大好きなんです。ここだけの話、「辛口でオススメをちょうだい」と言われたお客様に、こっそり旨味タップリの甘口のお酒を出したことは、一度や二度ではありません。でも、「辛口じゃないじゃないか！」とお叱りを受けたことは一度もない。みなさん、「うまい、うまい」と飲んでくださいます。そう、甘い日本酒って、「旨い」んですよ！

（通説3）日本酒ビギナーは「とりあえず飲みやすいやつ！」でOK

お店に立っていると「飲みやすい日本酒、ください」と言われることがとても多いのですが、僕は、**日本酒をオーダーするときの「飲みやすい」は地雷ワード**だと思っています。

なぜかと言えば、世の中に「絶対的においしい食べ物」がないように、「誰にとっても飲みやすい日本酒」なんてものはないからです（グルメ番組で日本酒を紹介するときって、やたらと「飲みやす〜い！」って言いますよね。僕は密かにアレが諸悪の根源じゃないかと思っています）。

ワインの「おいしい」が人によって異なるのと同じで、**何をもって「飲みやすいお酒」とするかは人によってまったく違います。**女性の「飲みやすい」は、甘味が強いものを指すことが多い。初心者であれば、アルコール度数が低いものが「飲みやすい」。一方、辛口のスッキリした日本酒が「飲みやすい」人だっています。

「飲みやすい日本酒」と言えば店員さんからどんな「飲みやすい」なのか確認されるはずですが、そうでないときに悲劇は起こるもの。先に「〝フルーティで〟飲みやすいやつ」「〝スッキリして〟飲みやすいやつ」と具体的な好みを伝えるようにしましょう。

自分の好み――甘い日本酒が好きなのか、コクがあるものが好きなのかを知りたい人は、173ページのチャートを解いてみてくださいね。

〈通説4〉日本酒の味は米で変わる

ワインの章でも軽く触れましたが（42ページ）、日本酒の味は、お米の違いによってそれほど左右されません。実際、**テイスティングのプロでさえも、お米の品種を当てること**

はむずかしいんです。

ブドウの味がワインの味に直結する、限りなく「農産物」に近いワインと比べれば、日本酒はどうしても「工業製品」になってしまいがち。収穫したあとの工程が多いためお米以上に、「造り」の違いのほうが味への影響はずっと大きいんですね。世界的に有名な日本酒である「獺祭《だっさい》」などが使っているお米「山田錦《やまだにしき》」だからといって、必ずしもおいしくなるわけではないのです。そもそも地元のお米を使わない日本酒もたくさんあります。

また、酵母《こうぼ》（お米の糖分をアルコールに変える、日本酒の味を決める大切な菌）だってどこでも買えますから、土地による味の違いもなかなか出ません。「地酒」という言葉の定義も、きわめて曖昧なのです。

でもいま、「地元ですべての材料を調達しよう」という原点回帰の流れが、たしかに来ています。ラベルに「オール新潟」「オール能登」などの表記があったら、まさに「地酒」！　正真正銘「その地方の味」です。

ちなみに僕自身は、「日本酒はもっとお米を重視すべき派」。日本産のお米を使わなければ「日本酒」と名乗ってはいけないというルールがあるとはいえ、それだけではブランドとして世界に発信できないからです。

「シャンパーニュ地方のシャンパン」や「ボジョレー地区のヌーボー」と同じように、「NIIGATAのJUNMAI」みたいな感じでお米にこだわった地酒のファンを世界に増やしていきたい。そんな野望を密かに持っています。

さらに余談ですが、フランスではワインの管轄は農林水産省。よりよいワインをつくるための制度を整える役割を担っています。一方、日本で日本酒を管轄している組織はどこだと思いますか？　なんと国税庁なんです！　「日本酒をよりよくしよう」「世界的ブランドとなるようガイドラインを整備しよう」ではなく、税金を集めやすいような法律が作られていることは言うまでもありません。

◉日本酒選びは「造り」が決め手

とりあえず、お米によって味がたいして変わらないことはわかった。じゃあ、何が日本酒選びの決め手になるのか？

もっともわかりやすく味を左右するのは、「造《つく》り」です。「純米《じゅんまい》」や「吟醸《ぎんじょう》」、「生酒《なまざけ》」「原酒《げんしゅ》」といったやつですね。「どんな造りの日本酒が好きか」さえ押さえておけば日本酒選びはカンタンになるし、店員さんとのコミュニケーションも弾むでしょう。

ただし日本酒は、その造りの説明がややこしい。なんだか「お勉強感」が強いんです。漢字が多いし、厳密なようでどうも基準がテキトーだし……。

これが「造り」！

そこで、まずは細かいことは気にせず、ページをめくって「一瞬で好みを導くチャート」に進んでみましょう。なにはともあれ自分の好みを先に知り、日本酒のおいしさに目覚めるとっかかりを得るところから始めてみてください。

Points!

- 日本酒は、常に同量以上の水と一緒に飲むこと
- 「ツウは辛口」ではなく「ツウは甘口」
- お米の種類はあまり味に影響しない

日本酒選びは「翻訳」すればカンタンだ

◎「卵焼きの好み」を聞けば、日本酒の好みが一瞬でわかる

さて、早速診断チャートです。2つの質問に答えるだけで、カンタンに造りの好みとオススメの銘柄まで導き出せるようになっています。

◆◆◆

……辿り着きましたか？　さて、1問目「食卓に出てきてテンションが上がる卵焼きは？」。プレーンな卵焼き、甘い卵焼き、だし巻のいずれかを選んでいただきました。この3つの選択肢はそれぞれ、

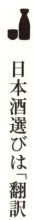

Q 一瞬で好みを導くチャート［日本酒篇］

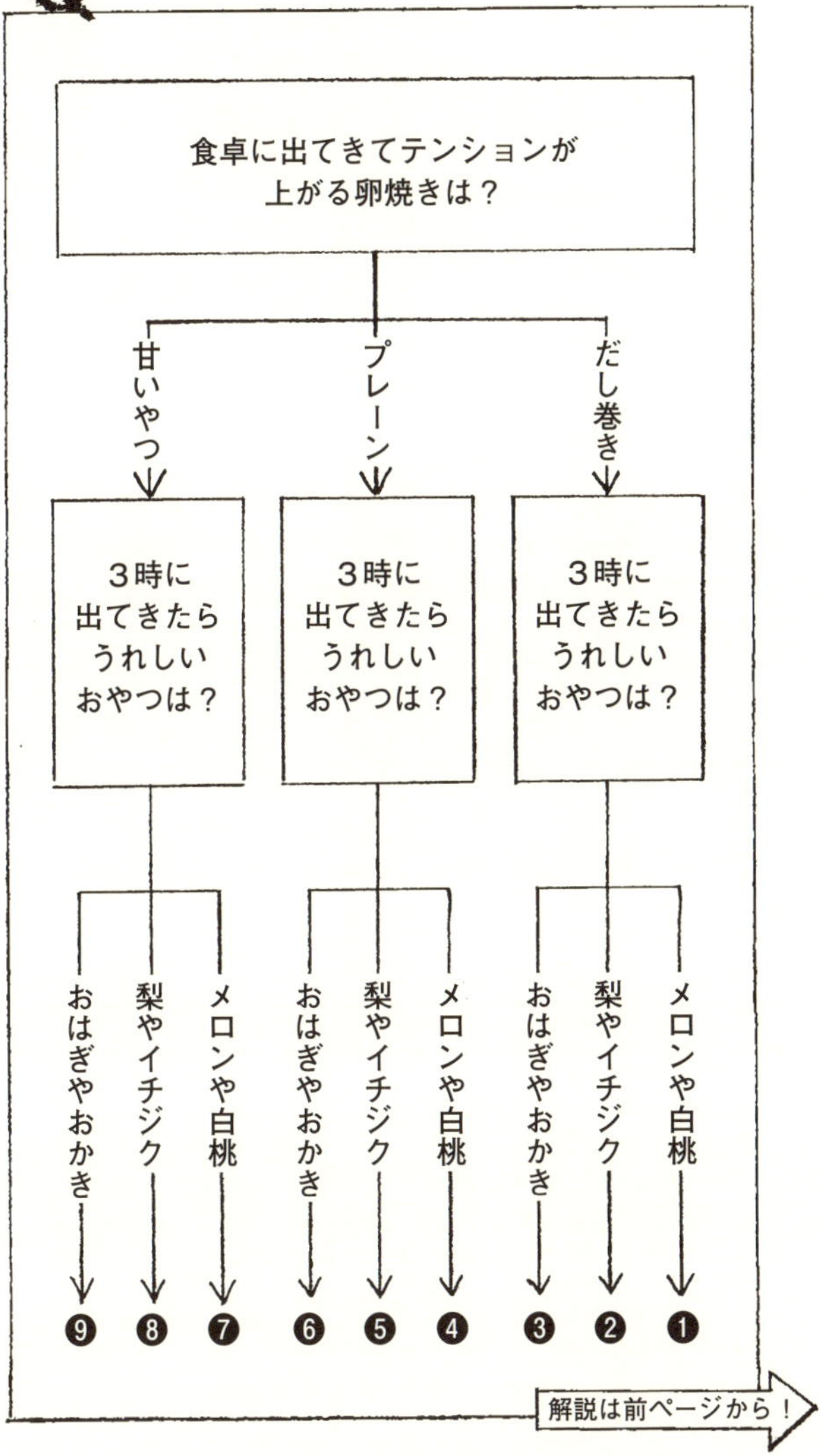

だし巻き→旨味が強いものが好み
プレーン→スッキリとした味が好み
甘いやつ→甘味が強いものが好み

と言い換えることができます。

2問目、「3時に出てきたらうれしいおやつは？」。これは、甘味の強さや種類の好みを判断するための質問です。

メロン、白桃→華やかな香りが特徴です。香り高い吟醸系が好み
梨、イチジク→あまり香りが強くない、みずみずしいものがお好きでは？　本醸造《ほんじょうぞう》のスッキリ系が好み
おはぎ、おかき→典型的な米の香りがするお菓子。純米酒が好み

この2つの答えを組み合わせると、次のページの表のようになります。何を言っているのかまだよくわからないと思いますが、ダマされたと思って自分の番号だけでも覚えてみてください。

それぞれのタイプごとに挙げた銘柄は、僕自身が飲み、胸を張っておいしいと紹介でき

A　一瞬で好みを導くチャート［日本酒篇］

	あなたの好みの日本酒	オススメの銘柄		
❶	「無濾過《むろか》生《なま》原酒《げんしゅ》」	羽根屋《はねや》	謙信《けんしん》	花陽浴《はなあび》
❷	「すっきりした生酛《きもと》・山廃《やまはい》」	一乃谷《いちのたに》	遊穂《ゆうほ》	初孫《はつまご》
❸	「熟成した生酛《きもと》・山廃《やまはい》」	菊姫《きくひめ》	天狗舞《てんぐまい》	開春《かいしゅん》
❹	「(純米でも原酒でもない)吟醸《ぎんじょう》」	八海山《はっかいさん》	菊水《きくすい》	黒龍《こくりゅう》
❺	「本醸造《ほんじょうぞう》」	久保田《くぼた》	萬寿鏡《ますかがみ》	南《みなみ》
❻	「すっきりとした純米《じゅんまい》」	鶴《つる》の友《とも》	勝駒《かちこま》	景虎《かげとら》
❼	「甘口の無濾過《むろか》の生《なま》(原酒《げんしゅ》も含む)」	村祐《むらゆう》	嘉山《かやま》	たかちよ
❽	「日本酒度《にほんしゅど》がマイナスの純米酒《じゅんまいしゅ》」	奥能登《おくのと》の白菊《しらぎく》	花柳界《かりゅうかい》	真名鶴《まなつる》
❾	「とろみのある熟成酒《じゅくせいしゅ》」	三笑楽《さんしょうらく》	舞美人《まいびじん》	達磨正宗《だるままさむね》

るものです。ぜひ、試してみてくださいね。ただし、同じ銘柄でも造りによって味は違いますから、たとえば自分が❸のタイプだったら**「菊姫の〝山廃《やまはい》〟をください」と造りまで明確に伝えましょう。**

では、ここに挙げている銘柄がメニューに見当たらなかった場合、どうすればいいか？ご安心ください。「あなたの好みの日本酒」は、そのまま「店員さんに頼むときのオーダーの言葉」になっています。**「熟成した生酛《きもと》を」「すっきりとした純米酒を」**と言えば、好みの日本酒が出てくるわけです。**「『羽根屋《はねや》』の無濾過《むろか》の生が好きなんですけど、似たものはありますか？」**といった頼み方もいいですね。

ここで挙げた9種類を旨味の弱い順番に並べると、次のようになります。いろいろな味を試してみたい方は、好みの日本酒のお隣さんの番号を選ぶのがオススメです。

❺「本醸造」→❹「吟醸」→❻「純米」→❽「日本酒度がマイナスの純米酒」→❼「無濾

過生」→❷「すっきりした生酛」→❸「熟成した生酛」→❾「とろみのある熟成酒」

「……あれ、無濾過生原酒《むろかなまげんしゅ》は？」

チャートで❶「無濾過生原酒が好み」と出た方はお気づきかもしれませんが、無濾過生原酒に「お隣さん」はいません。ほかの日本酒と一線を画す、ジョーカー的な存在なんです。**ジョーカーである無濾過生原酒は、コクが強すぎて食中酒としてはまったくオススメできません。**お造りや薄味の料理の邪魔はするし、出汁が効いた食事とはバッティング。それに、パンチがありすぎてすぐに「飲み疲れ」しちゃうんですね。

食中酒であることを意識してつくられているほかの日本酒と違い、それ自体で完成している無濾過生原酒《むろかなまげんしゅ》。日本酒バルのようなところでお酒そのものを楽しむか、食後酒としてゆっくり楽しむのがいいでしょう。

さて、日本酒にまつわる通説が明らかになり、自分の好みの「造り」が見つかりましたね。次は、もうひとつの「日本酒がよくわからない」原因を潰すべく、「名前の翻訳」に着手しましょう。

◉「はじめまして」の日本酒の味をだいたい見抜く方法

「日本酒のメニューを見ても、漢字がひたすら続いていて何が言いたいのかわからない」

お店に立っていると、そんな声をよくいただきます。たしかに、「生酛造り本醸造熟成生原酒」なんて長いうえに「り」しか平仮名がないし、ウンザリしちゃいますよね。「大《だい》七《しち》」「獺祭《だっさい》」といった銘柄に続いてこうした漢字がずらずらと続くわけですが、なぜこんなにも長い名前になってしまうのでしょうか?

理由はカンタンで、製造工程の名称をひたすら連ねているからです。アルコールを添加しているのか、水を加えているのか、熱を加えているのか——。「**おらが日本酒のこだわりポイントをアピールしたい!**」という造り手の強い思いをすべて入れちゃうものだから、「寿限無」ばりの長い名前になるのです。「○○グループ関東支部営業局次長兼上級執行役員」といった肩書きのようなものですね。

実際、長い名前のほうが「こだわっていそう」と思われるのか、よく売れます。だから、最近は長い名前のインフレ状態。そんなワケのわからない呪文ばっかり読ませられたらわかるものもわかりません。

でも、ちょっと待ってください。名前の要素をひとつひとつ分解して「翻訳」すると、何が言いたいのか、どんなお酒なのか読み解くことがカンタンにできるんです！　**日本酒は、名前が味のヒントになっているんですね。**そのヒントを得るためにも、「翻訳力」を身につける必要があるのです。

たとえば「生酛造り本醸造熟成生原酒」を「翻訳」すると、

「昔ながらの方法にこだわり、アルコールは添加したけれど火入《ひい》れも加水《かすい》もしていない、長く寝かせた日本酒」

となります。さらに「意訳」すると、**「華やかな香りが楽しめるけれど味はどっしりとボリュームがあり、とろみとコクのある日本酒」**だとわかるわけです。おいしそう！

このように、名前さえ「翻訳」できるようになれば、「はじめまして」の日本酒でもだいたいの味がわかり、選びやすくなるというわけです。

◉精米歩合《せいまいぶあい》は「削ってあるほどうまい」ではない

ここからは「翻訳力」をつける基礎単語として、「造り」の説明に入っていきます。とはいえお勉強ではありませんから、寝転びながら気軽に読み進めてください。

【精米歩合】

ご存じかもしれませんが、日本酒をつくるときは米粒をまるまる使うのではなく、精米して外側を削ったものを発酵させていきます。40%削ったものは「精米歩合60%」、30%削ったものは「精米歩合70%」。残ったほうのパーセンテージを表示するわけですね。精米歩合は、ラベル表示が義務づけられています（170ページ参照）。ちまたでは、米をたくさん削ると「水みたいに軽く飲みやすくなる」と言われていて、精米歩合の小さな日本酒が人気を博しています。

でも、ぶっちゃけた話、お米を削れば削るほど味が変わるかというと、そういうわけで

はありません。お米の種類にもよりますが、一般的には4〜5割削ってしまえば、あとは8割削ろうと9割削ろうと、もはや味はほとんど変わらないと言われているのです。

それに、お米の外側にこそ日本酒らしさが含まれている、と僕は思います。たしかにお米の外側には「雑味」が多く含まれているため、その部分を削ることでキリッとした日本酒にすることができます。けれど、「雑味＝まずいもの」ではありません。じつは、**雑味には旨味も入っているんです。**

たくさんお米を削った日本酒がエライような風潮がありますが、旨味を楽しみたいなら30％〜50％削られた——つまり、ごく普通の日本酒を選んでいただければと思います。

精米歩合は、これから造りをご説明するときにも登場します。**歩合の数字を見たらとりあえず100から引き、たとえば精米歩合60％なら「40％お米を削った」と翻訳しましょう。**

翻訳！

100－《マイナス》精米歩合＝削ったお米の割合

◉「純米酒の方が本醸造よりうまい」ではない

【純米酒《じゅんまいしゅ》 or 本醸造酒《ほんじょうぞうしゅ》(アル添酒《てんしゅ》)】

「純米酒か本醸造酒か」「吟醸か大吟醸か」の2つが、翻訳力を身につけるための「最重要基礎単語」になります。

まず1つ目、「純米酒」か「本醸造酒」か。

「純米」はその名のとおり、純粋にお米と米麹《こめこうじ》だけを使ってつくられた日本酒のことです。**お米そのものの甘味や旨味がよく出ます。**

一方で、お米と米麹に醸造アルコール（簡単に言えば焼酎のようなものです）を添加しているのが、「本醸造酒」。**スッキリと飲みやすく、華やかな香りが特徴です。**

ただ、この本醸造酒、通称「アル添《てん》（アルコールを添加した日本酒）」はちょっと不人気。「アル添はまずいからイヤだ」というお客さんは結構いらっしゃいます。「日本酒は純米にかぎるぜ！」と。

でも、**アル添の日本酒がまずかったのは戦後間もない、日本が貧乏だった時代の話**です。空襲による田んぼの焼失と人手不足によって、米の生産量が乏しかった戦後。少ない米から日本酒をつくるために醸造アルコールを足して3倍に薄め、調味料で味付けをして「日本酒」として売っていたのです。……そりゃ、まずいですよね。

少なくともいま流通している日本酒でそんな造りのものはない、ということはここではっきりと言っておきたいと思います。

じゃあ、お米が不足しているわけではない現代でなぜアルコールを添加するのか？それは、スッキリ飲みやすくするためともうひとつ、お酒の香りを引き立てるためです。

純米酒は、味は米らしく芳醇ですが、香りは控えめになりがちです。鼻で楽しむお酒ではないんですね。そこで、香りの分子と結びつきやすいアルコールを加えることで華やかな香りを楽しんでもらおう、というのが本醸造酒の考えです（普通の方は匂いと味を分けてテイスティングなんてしませんから、その香りの華やかさから「甘い」と認識されることもあります)。ただし、香りプンプンのため飲み飽きやすいのが欠点です。

カンタンに言うと、**「純米と書いていない＝本醸造酒（アル添酒）＝より香りを楽しめるお酒」**。同じ銘柄で「純米大吟醸」と「大吟醸」があれば、後者のほうが香り高いということです。

最近の日本人はとくに「添加＝悪」というイメージが強いため、本醸造酒はだんだん減ってきています。ワインでも単一品種を好む人が多いように、日本人は「添加」とか「混ざりもの」が本当に嫌いなんですね。

でも、本醸造酒は本醸造酒のおいしさがあります。それに、いま「本醸造酒が好き」と言うとなんだかツウっぽいかもしれませんよ！

翻訳！

純米酒＝お米本来の甘味や旨味が楽しめる
本醸造酒(アル添酒)＝飲み口はスッキリ。香りを引き立てる。

◉ラベルに表示されない「企業秘密」とは？

もうひとつの軸が、「吟醸」か「大吟醸」か、どちらでもないか、です。

「吟醸」は、ざっくり言えば「ゆっくり〝吟〟味して〝醸〟造した」、つまり「低温でゆっくり時間をかけてつくったお酒」。

【吟醸《ぎんじょう》 or 大吟醸《だいぎんじょう》】

そうしてじっくりつくった日本酒のなかで、一般的には**お米を40％以上削ったもの（精米歩合60％以下）を、「吟醸酒（純米酒なら純米吟醸）」と呼びます。**フルーティな香りが特徴です。

一方で、**お米を50％以上削ったもの（精米歩合50％以下）は「大吟醸（純米酒なら純米大吟醸）」**。吟醸酒よりもさらに香りが華やかです。

また、精米歩合が70％以下のアル添酒は、「本醸造酒」と呼びます。ただし、本醸造と言っても「香りを引き立てる」ほうの役割は控えめで、「飲み口のスッキリさ」が強く出ます。

……なぜ吟醸酒の定義に「一般的にはお米を40%以上削ったもの」とただし書きが必要かと言うと、日本酒界にはガイドラインも法律もないからです。

職人気質の造り手が「50%も削ったけど、このレベルだとまだまだ大吟醸なんてとても呼べないぜ！」とあえて吟醸酒として出荷しているお酒もあったりと、困ったことにその基準は蔵によってまちまちなのです（さすがに40%未満しか削っていないのに「吟醸」「大吟醸」と名乗ることはできませんが）。

ここまではちまたでも語られていることですが、さらにもうひとつ。吟醸と大吟醸では「酵母」を変えている蔵も少なくありません。大吟醸は大吟醸用の酵母があるということです（香りが華やかになるような酵母など）。

この酵母、じつはお米よりも味の仕上がりに影響が大きいのですが、「企業秘密」として明らかにしていない蔵が多く、ラベルへの表示義務もないので、あまり一般には知られていません。これも、ワイン以上に日本酒がわかりづらい一因となってしまっています。

翻訳！

吟醸＝フルーティで華やかな香りがする
大吟醸＝もっとフルーティで華やかな香りがする

ここまでの内容をまとめてみましょう。次に挙げた6つのお酒は「特定名称酒《とくていめいしょうしゅ》」、それ以外は「普通酒《ふつうしゅ》」と呼ばれています。

【アルコールを添加しない「純米酒」】

・**純米酒**（精米歩合の決まりはありません）
・**純米吟醸**（精米歩合60％以下。ザ・蔵のスタンダード！　もっともバランスがよく、もっとも売りたいお酒をここに据えます）
・**純米大吟醸**（精米歩合50％以下。もっとも手がかかるため、値段も高め。アルコールを

添加している「大吟醸」より甘くて旨く、コクがあるのが特徴です）

【アルコールを添加する「アル添酒《てんしゅ》」】

・**本醸造酒**（精米歩合70％以下。アルコールの効果でさっぱりと軽やかな味です。添加するアルコールの量によりますが、ピリッとした辛さを感じることも。いわゆる「辛口」）
・**吟醸酒**（精米歩合60％以下。ピリッとした辛さがありながら、メロンやリンゴのような、吟醸特有の華やかで爽やかな香りが特徴です）
・**大吟醸**（精米歩合50％以下。「吟醸」よりもさらに華やかな香りが特徴。また、アルコールが添加されている分「純米大吟醸」より味は爽やかで、香りは強いと言えます）

◉意訳した「造り」はこんなにシンプル

ここでは、翻訳力をよりアップさせるために必要な単語――「生酒《なまざけ》」「原酒《げんしゅ》」「山廃《やまはい》&生《き》酛《もと》」「あらばしり」「ひやおろし」といった、日本酒の代表的な造りをご紹介したいと思います。ちなみに、**このなかでもっとも味に影響するのは「生酒」。次が「原酒」です**。ですから、「生原酒」と書いてあるものは何を飲んでも「生原酒」の味がする、とみなさん言いますね。

それではそれぞれの造りを見ていきましょう。1行目が「意訳文」だと考えてください。

【生酒《なまざけ》】

酸味や清涼感が爽やかな、フレッシュな味わいです。

本来、日本酒は雑菌の繁殖を抑えて味を安定させるために、およそ60度で2回、加熱殺菌処理します（火入れ）。その火入れの作業を1回もしないのが、「生酒」です。加熱していないこともあり、冷やして飲むのに向いています。

この生酒特有の香りが出すぎると「つわり香《が》」と呼ばれて嫌われるのですが、最近は以前ほど消費者側に抵抗がなく、ほどよい生酒の香りは好まれる傾向にあります。

【原酒《げんしゅ》】

旨味も甘味も強い、どっしりとしたコクが特徴です。

一般的な造りでは、できたお酒に水を加えてアルコール度数と味を調整します。その工程をすっ飛ばし、そのまま出荷されたお酒です。水で薄めない「原」料そのままのお酒ということでアルコール度数は高く、20％になるものも！（普通の日本酒は16％程度です）

【無濾過《むろか》】

旨味をはじめとした雑味が多い、飲みごたえのある黄色いお酒です。

「清酒」と呼ばれている透明な日本酒は、仕上げ段階で活性炭素――カンタンに言えば炭の粉を入れて濾過しています。できたばかりの日本酒は黄色みがかっているのですが、色味や雑味（旨味含む）を吸着した炭の粉ごと漉《こ》されるため、クリアなお酒になるわけです。

無濾過とは、「活性炭素を使って濾過していない」ということ。旨味を含めた雑味が残るため、飲みごたえが出ます。

【無《む》濾《ろ》過《か》生《なま》原《げん》酒《しゅ》】

とにかく「濃醇」のひと言に尽きます。

そのままですが、「生酒」＋「原酒」＋「無濾過」＝「無濾過生原酒」。例のジョーカー君ですね。火入れせず、加水もせず、活性炭素も入れずに、濃醇になる要素を「全部乗せ」して造られた、「淡麗辛口」の正反対の味です。日本酒はストレートで飲むのが一般的ですが、アルコール度数が高く味も濃厚な無濾過生原酒は、ロックもイケます。氷が少しずつ溶けて「加水」と同じ役割を担い、飲みやすくなるのです。

【山《やま》廃《はい》&生《き》酛《もと》】

昔ながらのこだわりの製法で、ヨーグルトのような酸味が「ワインっぽい」と女子にも

人気です。

その昔、日本酒をつくるときには櫂《かい》（舟を進めるときに使う長い棒で、先が幅広になっているもの）を使ってお米を混ぜ、練り潰し、溶かして発酵させなければなりませんでした。この作業を「山卸《やまおろし》」と言い、「生酛《きもと》」では昔ながらのこの方法を採っています。その作業によって自然に存在する乳酸菌を増やし、雑菌を増殖させないようにするんですね。ただし、山卸は時間もかかるし体力も必要。あまりにも大変で、みんなヘトヘトでした。

そんなとき、ついに山卸をしなくても乳酸菌を増殖させる方法が発見されます。

「やったー！　**山**卸を**廃**止できるぞー！」というわけで、略して「山廃《やまはい》」と呼ばれています。長い棒を使ってせっせとつくる「生酛《きもと》」に比べればラクとはいえ、自然な乳酸菌を育てて増やす、こだわりの製法です。

さらに時は経ち、乳酸菌を「育てて増やす」のではなく乳酸を添加するだけの「速醸《そくじょう》」という製法ができました。いまではこの方法が一般的ですから、あえてラベルでは明記していません。「生酛《きもと》」や「山廃《やまはい》」のラベル表記には「オレたち、普通とはちょっと違うんだぜ！」という主張があるわけです。

山廃《やまはい》と生酛《きもと》は速醸《そくじょう》に比べ手間がかかる造りですから、2つ合わせても日本酒全体の2割程度。ただし、いまはこだわり派の造り手さんが増えてきていて、これらの面倒な製法を使った日本酒も増加傾向にあります。

では、味はどう違うのか？

「速醸《そくじょう》」と「山廃《やまはい》&生酛《きもと》」で言えば、自然の力で乳酸菌を発生させた後者のほうが、味わいは豊か。フレッシュさがありつつ、コクも出ます（ヤクルトみたいな乳酸菌の入った飲み物って、いかにも「コク」ってイメージないですか？）。

では、こだわり同士、「生酛《きもと》」と「山廃《やまはい》」はどう違うか？

これはとても曖昧で、以前造り手さんに聞いたときは「味の違い？　ないよ」とキッパリ言われてしまいました。フォローすると、同じ米を使って「山廃《やまはい》」と「生酛《きもと》」の両方をつくっている蔵がほとんどないため、比較しづらいんですね。あえて差をつけるとすれば、わずかに山廃のほうがコクが強いのですが、まずはシンプルに理解する、というこの本の趣旨から言えば、**山廃《やまはい》と生酛《きもと》の味はだいたい同じ**と思ってもらってけっこうです。

翻訳！

生酒《なまざけ》＝酸味や清涼感が爽やかな、フレッシュな味がする
原酒《げんしゅ》＝旨味も甘みも強く、どっしりとしたコクがある
無濾化《むろか》＝旨味などの雑味が多い、飲みごたえのある黄色いお酒
無濾化生原酒《むろかなまげんしゅ》＝とにかく「濃醇」！
山廃《やまはい》＆生酛《きもと》＝昔ながらのこだわり製法で、ヨーグルトのような酸味がある

ここまでがいわゆる「造り」の部分です。「純米か本醸造か」「吟醸か大吟醸かそれ以外か」という基本編に加え、ちょっとした応用として、まずは押さえておきましょう。

次からご説明する「あらばしり」や「おりがらみ」、「ひやおろし」は、工程ではなくお酒そのもののネーミングになります。**味への影響は「あるっちゃ、ある」といったところ。**ここだけの話、日本酒をオシャレに売るためにマーケティングの一環でつけられた名前とも言えます。

知っておくと翻訳力が上がるけれど、知らなくてもOK。

「知らない単語ばかりで、もう頭がいっぱい……」という方は、ここまでの基礎単語だけで選ぶ、と割り切って読み飛ばしてもいいでしょう。日本酒に慣れてきたら、また読み返してみてください。

【あらばしり・中取《なかど》り（中汲《なかぐ》み）・責《せ》め】

（上から順に）「フレッシュ」、「バランスがいい」「飲み応えがある」お酒になります。

この3つは日本酒造りの後半戦、もろみ（米が発酵した液体）を搾って米と日本酒を分離する工程の、「どの段階で取ったお酒か」で分けられています。

まず、絞りはじめが「あらばしり」。あまり圧力をかけていない段階に出てきた日本酒で、切れ味がよくフレッシュです。

真ん中が「中取《なかど》り（中汲《なかぐ》み）」。雑味がなくニュートラルな味で、バランスがいいと言われています。

最後が「責め」。ぎゅ〜っと圧力をかけて出てきた日本酒ですから、雑味が多い部分です。３つのなかでもっとも飲み応えがあります。

普通はこの３つをブレンドして味を均質化させるのですが、あえてそれぞれ別の商品として出荷するわけですね。「**『あらばしり』って一番搾りっぽくてカッコイイ！**」「**よくわからないけどわざわざ『中取り』って書いてあることはすごいんだろうな**」とイメージ戦略にも成功し、よく飲まれています。

【おりがらみ＝うすにごり＝かすみ酒《ざけ》】

白く濁っていて、旨味が特徴です。

「おり」とは、小さな米のカケラや酵母の死骸などのこと。普通は除いてしまうのですが、このおりごと混ぜてしまうのが「おりがらみ」です。「おりが絡む」せいで、「薄《うす》く濁《にご》ったり」「かすんで見えたり」するわけです。

おりがらみとうすにごり、かすみ酒は多少造りの違いはあるのですが（濾過する網の目の粗さなど）、これもほとんど同じと考えていいでしょう。

【ひやおろし】

昔ながらのものは旨味たっぷりですが、現状、無視して構わないでしょう。

日本酒は一般的に、冬につくられます。一度「火入れ」した日本酒を春から夏にかけて蔵で寝かせ、秋に引っ張り出し、もう一度火入れしてから出荷するんですね。この2回目の「火入れ」をせず、冷たいまま問屋に卸すことを「ひやおろし」と言います。

とはいえ、最近の「ひやおろし」は、もはやなんでもアリ。普通に2回目の火入れをしているのに「ひやおろし」として出荷している蔵もあるんですよ！　もはや「ひやおろしてないじゃないか」と思うのですが、明確な規格がなく、「言ったもん勝ち」状態になっているのでしかたありません。

昔ながらの定義を守っているひやおろしは、口あたりが滑らかで旨味たっぷり。とてもおいしいお酒になります。でも、飲む側にはそれが昔ながらの「ひやおろし」なのかどうか判断する術はありません。だから、いっそ無視してしまったほうが「ハズレ」を飲まずにすむというわけですね。

消費者としては情報ばかりが増え、混乱のもとになるこうした名前。でも経営側から見れば、**1つのタンクから「あらばしり」「ひやおろし」「おりがらみ」などのいろいろな銘柄で出せることで、それぞれプレミア感を高められ、売れ残るリスクを分散する効果があるのです。**

【古酒《こしゅ》・熟成酒《じゅくせいしゅ》】

味わい深い、コクを楽しむお酒です。

日本酒業界の定義として「古酒」は「瓶入れから1年経ったもの」。ただし、実際には1年だと「古酒」というには若すぎて、味の変化が起こっていないものも多くあります。

そこで、うっすらと黄色っぽくなり、とろみがかかるくらいまで熟成した日本酒を「熟成酒（長期熟成酒）」と呼び「古酒」と区別しています。もとのお酒と比べて明らかに味わいが深くなった熟成酒になるまで、だいたい5年程度でしょうか。熟成酒は、これからもっと人気が出てきそうな予感がします。

翻訳！

「あらばしり・中取《なかど》り（中汲《なかぐ》み）・責め」
＝（上から順に）「フレッシュ・バランスがいい・飲み応えがある」
「おりがらみ」＝「うすにごり」＝「かすみ酒《ざけ》」＝白く濁っていて、旨味が特徴
「ひやおろし」＝昔ながらのものは旨味たっぷり。でも、現状無視してＯＫ
「古酒・熟成酒」＝味わい深いコクがある

◉参考程度に！「日本酒度」ってなに？

「日本酒度」はラベルにも記載してあるもので、日本酒に含まれる糖分の目安を表す数字です。イメージ的にはプラスのほうが甘そうですが、逆。マイナスが甘口、プラスがピリッと辛い日本酒となります。**真ん中が「-1.4から+1.4」と覚えておくと、だいたいの甘さ、辛さが想像できるでしょう。**

ちなみに、先ほど女性や初心者の方にオススメしたスパークリング日本酒の「すず音」の日本酒度は-90～-70度（！）。超甘口だとわかりますね。

とはいえ、日本酒度も「あくまで目安」。日本酒度がマイナスでも、アルコール度数が高ければ辛く感じますからね。また、辛口を好むお客さんが多いので、わざと日本酒度がプラスになるように調整している蔵もあります。

翻訳！

日本酒度＝含まれる糖分の目安。プラスが辛口、マイナスが甘口。

◉もっと参考程度に！「BY」ってなに？

日本酒のラベルに、「24BY」「22BY」といったアルファベットを見たことがありませんか？　これは「Brewery Year」、そのお酒の「醸造年度」です。「24BY」なら平成24年度醸造、「22BY」なら平成22年度醸造。記載は義務づけられていないものの、なんとなくつけるのが流行中です。

米の収穫年とよく勘違いされるのですが、何年前の米を使おうと、今年醸造した酒であれば今年の年号がつきます（ただし、新潟の「根知男山《ねちおとこやま》」という蔵は、米にこだわるあまり米の収穫年でヴィンテージをつけています）。

じゃあ、BYが古いものは、熟成しているのか？

これは、概ね「イエス」と言えます。長い熟成期間を経ることで、新しいものより旨味が強くなっている可能性は高いでしょう。

ちなみに、BYとは別に「製造年月日」という要素があって、これは必ずラベルに記載しなければなりません。製造年月日は、瓶詰めして出荷した日のこと。とてもややこしくて申し訳ないのですが、**「BY」こそが本当の意味での日本酒の製造年で、ラベルに記載されている「製造年月日」は単なる「瓶詰めして蔵から出荷した日」なんです。**極端な話、5年前のお米を使って3年前に醸造、3年間じっくり熟成させても、今日瓶詰めすれば今日の日付がつくわけですね（この場合、BYは3年前になります）。

なぜこんな複雑なことになっているのかと言えば、そうです、徴税のためです。

日本酒は蔵から出荷された日に税金がかかるため、その日付を明らかにするために国税庁が「製造年月日」の記載を義務づけたんです。由来からして、お客さんのことを考えてつけた数字ではないということですね。

翻訳！
BY＝Brewery Yearの略。つまり、醸造年度のこと。

◉漢字一文字でわかる各お酒「ざっくりポジション表」

できるかぎりシンプルにお話ししたつもりですが、それでもちょっと疲れてしまったかもしれませんね。でも、もう「翻訳力」はバッチリついたはずです。

ここまで出てきた造りのなかから、好みを知り、店員さんとコミュニケーションを取るために知っておくべき要素を抜き出してチームにまとめると、次ページのようになります。少々雑ですが、頭の整理に使ってください。

●チーム「米のうまみ」→純米酒・純米吟醸・純米大吟醸
●チーム「香り高い」→本醸造・吟醸・大吟醸
●チーム「味がすごく変わる」→生酒・原酒（無濾過生原酒）
●チーム「昔ながらのコク」→山廃《やまはい》・生酛《きもと》

ざっくりとこの4チーム、10種類の個性さえ頭に入れておきさえすれば、どんなお店でもおいしい日本酒を選べます。そこで、この10種類のポジションを整理するために、それぞれの造りを次ページに「漢字一文字」で表してみました（ワインのように女の子キャラクターを期待していた方々、スミマセン！）。それぞれの味のイメージや、蔵のなかでのポジションがつかめると思います。

〈特定名称酒〉

純米

源

日本酒の歴史は、純米酒から始まりました。すべての源ですね。

純米吟醸

顔

その蔵を代表する、名刺代わりのお酒です。

純米大吟醸

頂

その蔵のつくる酒のトップに君臨しています。

本醸造

爽

とにかくピリッとサッパリ!

吟醸

香

吟醸の香りが鼻に抜けます。

大吟醸

薫

華やかな香りがプンプン。蔵の技を結集させた造りなので、「術」と迷いました。

〈造り〉

生酒

果

果物のようにフルーティな香りが特徴的。

原酒

濃

とにかくコクを楽しむお酒です。

無濾過生原酒

超濃

もはや一文字では表現できず……。日本酒界のジョーカーですからね。

山廃&生酛

旨

「旨味ってどんな味?」と思ったら、こちらを飲んでみましょう。

◉「お気に入りビール」を聞けば、日本酒の好みが一瞬でわかる

もうひとつ、日本酒の好みを見抜く意外な方法をご紹介しておきましょう。

みなさんおなじみのビールですが、一口に「ビール」と言ってもその味わいはさまざまです。みなさんも、「スーパードライが好き」とか「贅沢だけどやっぱりエビスは格別」とか「最近は『よなよなエール』みたいなクラフトビールが好きなんだよね」といったなんとなくの好みがありますよね？

じつはみなさんの「好き」には、理由があります。旨味だったり、軽さだったり、コクだったり……。その根っこのところは、ビールも日本酒も同じです。

「とりあえずビール！」のおかげでなじんでいるビールから、どれがピッタリか好みを導いてみましょう。飲み会でさりげなく話せると、場が盛り上がりますよ！

●もっともニュートラルなビール「バドワイザー」……本醸造酒《ほんじょうぞうしゅ》
●スイスイ飲める「アサヒスーパードライ」……純米酒《じゅんまいしゅ》
●食事に合わせやすい「キリン一番搾り」……スッキリした純米酒《じゅんまいしゅ》
●コクのある「エビス」……熟成した生酛《きもと》
●ややコクのある「プレミアムモルツ」……スッキリした生酛《きもと》
●フルーティなベルギービール……吟醸《ぎんじょう》系
●コクと香りを楽しむ「よなよなエール（よなよなの里エールビール）」……無濾過生原酒《むろかなまげんしゅ》

Points!

●**造りのうちもっとも味に影響するのが「生酒」。次が「原酒」**
●**日本酒度は−1.4〜+1.4が真ん中**

② 店飲み編

おいしい日本酒の「頼み方」

◎ 超酔っ払う前に、ちょっといいお酒を

これはワインにも言えることですが、みなさん、比較的安いお酒から始めてだんだん値段を上げ、最後にいちばん高いお酒で締める傾向にあります。お酒はグレードをアップさせていかなきゃいけないもの、と無意識に思っているのではないでしょうか。

でも、この**「安い→高い」の順番にとらわれないほうが、お酒はおいしく飲めるんです。**

日本酒で高いお酒というと、たとえば純米大吟醸が考えられますよね。後半、酔いが回り味覚が鈍くなってきたころに繊細なお酒を飲んでも、よさがわからない可能性が高い。できるだけ味がしっかり判別できるとき、すなわち前半から中盤にかけて「いいお酒」を飲んだほうが、絶妙な味を楽しめるのです。

ものすごく酔っ払っているときや食後酒として飲むのであれば、それこそ無濾過生原酒のようなパンチのある味がいいでしょう。

「そこまで酔っ払っていない段階で、繊細でいいお酒を飲む」。

日本酒に限らず、これからお酒を飲むときはこの教訓を胸に刻んでほしいと思います。

◉「お燗《かん》」の種類はたくさん、でも覚えるべきは上燗《じょうかん》だけ

お燗は、むずかしいものでも、おじさんのものでもありません。誰でも楽しめる、日本酒の醍醐味です。

日本酒は、ワインよりはるかに温度による味の変化を楽しめるお酒です。ワインの場合

は冷蔵庫で冷やした5度〜常温の18度がおおよその幅ですが、日本酒はこれに「燗」が含まれるためグンと味の幅が広がります。

しかし、お燗にはいろいろと悲しい誤解がつきものです。

まず、「まずい酒をごまかすためにお燗にする」という誤解。

たしかに昔は「お燗＝沸騰寸前まで熱した日本酒」で、熱さでまずさをごまかしていたのは否めません。年輩の方で「お燗＝まずい」イメージを持っている方が多いのは、この飛びきり熱い燗のせいでしょう（ちなみに、この方たちは沸騰寸前のお燗に慣れているので、一般的なお燗を出すと「ぬるい」とおっしゃいます）。あるいは、若い方のなかにも、学生時代に格安居酒屋で「燗にしないと飲めない」日本酒を飲んだという人がいるかもしれません。

でも、いまの時代、アツアツにしないと飲めないようなまずい日本酒は、一定以上のレベルの居酒屋ではまず流通していません。元々の日本酒がおいしいのだから、お燗にしてもおいしいのです。

また、「お燗」の呼び名についても誤解があります。世間には「お燗＝熱燗」と誤解している人が多いですが、熱燗は温度の呼び名のひとつです。一口にお燗と言っても、温度によっていろいろな名前があるんですね。**いまだにメニューに「熱燗」とだけ書いているお店がありますが、「日本酒にこだわっていません！」と宣言しているようなもの。**お燗の温度管理はなかなか繊細なものですから、そんなざっくりしたお店でお燗を頼むのはオススメしません。

お燗の温度と呼び方のバリエーションは、次のとおりです。

日向《ひなた》燗……30度（日向で30度ということは、夏でしょうか）
人肌《ひとはだ》燗……35度（やや低体温ですね）
ぬる燗……40度（一般的に、純米酒はこれくらいがベストだと言われています）
★上《じょう》燗……45度（真ん中の熱さ。ちょうどいい温度です）
熱《あつ》燗……50度（よく「熱燗ちょうだい！」と言われますが、じつは結構熱めなんです）
飛びきり燗…55度（徳利を持ったときに「アチッ」となります）

お燗の熱さのなかで覚えていてほしいのは、「上燗《じょう》」だけ。あまり耳慣れないかもしれませんが、どのお酒にも合いやすい、スタンダードな熱さです。僕も、お客様から「お燗にしてください」とか「熱燗で」と言われることが多いのですが、「上燗で」と言われると一気にツウっぽさが高まります。男性が言うともちろんカッコいいですし、女性に言われてもかなりグッとくるワードです。

また、「**冷や＝冷たい日本酒**」と思われがちなのも、温度にまつわるよくある誤解。「冷や」は本来、常温のことを指します。以前は冷蔵庫がなかったので、常温でもお燗に比べれば「冷たいほう」だったわけです。

じゃあ、いま冷蔵庫に入っているものはなんと呼ぶか？「冷酒《れいしゅ》」です。「いったい何の罠なんだ」と思うようなまぎらわしさですので、注文するときには気をつけてください。

好みの日本酒に合うお燗リスト

	あなたの好みの日本酒	合う燗
❶	「無濾過生原酒」	冷酒《れいしゅ》（花冷え）10度くらい
❷	「すっきりした生酛《きもと》・山廃《やまはい》」	日向《ひなた》燗 30度くらい
❸	「熟成した生酛《きもと》・山廃《やまはい》」	ぬる燗 40度くらい
❹	「（純米でも原酒でもない）吟醸」	冷酒《れいしゅ》（雪冷え）5度くらい
❺	「本醸造」	人肌《ひとはだ》燗 35度くらい
❻	「すっきりとした純米」	上燗 45度くらい
❼	「甘口の無濾過の生（原酒も含む）」	冷酒《れいしゅ》（花冷え）10度くらい
❽	「日本酒度がマイナスの純米酒」	日向《ひなた》燗 30度くらい
❾	「とろみのある熟成酒」	ロック～熱燗までさまざま

◉お燗は、じつは酔っ払いにやさしい

日本酒を数杯飲むなら、温度は「冷→熱」が基本です。なぜかというと、和食のコースも、先付け、お造りから煮物、焼き物とだいたい「冷→熱」となっているからです。**食事の温度とお酒の温度を合わせるのは、ひとつのセオリー。**超高級料亭だと、1種類の日本酒を温度だけ変えてフルコースと合わせる、なんて妙技を持っているところもあるんですよ。その銘柄に合う温度はもちろん、気温や食事の内容に合わせたり、「席に持っていくまで何度下がる」といった計算までする「お燗番」という職人さんがいるお店もあるのです。

また、「大吟醸はお燗にすると香りが消える」という人もいますが、これも通説。温度や銘柄によります。ただし、温度次第でおいしくなくなるお酒もたしかにあるので、こだわりがなければ**「このお酒に合う熱さでお燗にしてください」**と店員さんに委ねたほうがいいでしょう。どうしてもお燗に合わないお酒の場合は教えてくれるはずです。

お燗は身体が温まって健康的だし、体温と近いからアルコールの吸収も速い。酔いが少

しずつ回るため自分で量をセーブしやすく、悪酔いしにくいというメリットもあるんです。ぜひ初心者の方も、気軽に「お燗で」とオーダーしてみてください。

Points!

- 高いお酒は酔っ払っていない前半に飲む！
- 「冷や」は常温（冷たいのは冷酒《れいしゅ》）
- 日本酒の温度は食事と合わせて「冷→温」が基本

日本酒と和食のシンプルな合わせ方

そもそも日本酒は、食中に飲むことを想定してつくられてきたお酒です。どんな料理とも――とくに和食は――合わせやすいと言えます。

ただし、ひとつだけ守っていただきたいルールがあります。**合わなさそうなものを合わせる「結婚《マリアージュ》」ではなく、日本人らしく「調和」を目指す**ということです。そもそもワインのように「樽の香り」「なめし革のような味」といった複雑さがない日本酒は、マリアージュすることが想定されていないんですね。それに、日本酒も和食も繊細なので、無理やりマリアージュしようと思ってもだいたいどちらかがぶち壊されてしまうんです。

では、どのようにして「調和」させればいいか？

カンタンです。**似た味、似た温度を組み合わせると、口の中でお酒と食事がすーっと馴**

染みます。

出汁が効いている料理なら、同じく旨味が強い日本酒。醤油を使った料理には、少し熟成させた、香ばしさが特徴のお酒がいいでしょう。反対に、お造りのような淡泊な料理に、香りやコクが強い酒は調和しないというわけです。

日本酒の温度も、食事の温度と合わせたほうが調和します。先ほど言ったとおり、先付けやお造りといった冷たいものを食べるときは冷酒か冷や、煮物や焼き物を食べる後半にはお燗ですね。シンプルでしょう？

日本酒は、日本古来の伝統品。ですから、「**和を以て貴しとする**」**食事を目指せばＯＫ、**と覚えてください。

日本酒と和食
「春夏秋冬モデルルート」

日本酒は食中酒ですから、四季折々の食事と合わせて飲んでみてください。杯を重ねるためにも、和《やわ》らぎ水《みず》をお忘れなく。

春

１杯目……**低アルコールスパークリング**
食欲を刺激するスパークリングの日本酒で、乾杯！

２杯目……**春の山菜とかすみ酒（＝うすにごり・おりがらみ）**
コクがあり、苦味のある山菜ともマッチ。

３杯目……**日向燗で純米酒**
まだ外は寒いので、温度を上げて温かい若竹煮と。

４杯目……**酸を効かせた白麹orワイン酵母と鰆《さわら》**
特徴的な酸が食欲を刺激してくれます。

５杯目……**優しい甘口酒**
ズバリ、「村祐《むらゆう》」常磐《ときわ》ラベル一択です！

夏

１杯目……**よく冷えた軽めの吟醸酒**
かけつけ一杯！　冷蔵庫から出してそのままどうぞ。

２杯目……**よく冷えた生酒と鮎の塩焼き、夏野菜**
食事と合わせづらい生酒も、冷やせば邪魔しません。

３杯目……**少し温度を上げて、低アルコール夏酒**
低アルコールの日本酒を夏に出すのが流行中です。

４杯目……**夏のにごり酒**
濁り＝旨味！　お肉にも合うしっかり系です。

５杯目……**無濾過生原酒**
ロックがオススメ。氷が溶けて自然と加水されます。

秋

1杯目……**軽めの吟醸酒**

秋は日本酒。まずは香り高い吟醸酒で景気付け！

2杯目……**いろいろな小鉢と純米酒**

茄子や里芋、銀杏を合わせたいですね。

3杯目……**秋のひやおろし**

昔ながらの濃いひやおろしがあれば、ぜひここで。

4杯目……**味わいのスッキリした生酛《きもと》**

椎茸の煮物など、出汁の旨味が効いた料理と！

5杯目……**軽く熟成した生酛《きもと》を上燗で**

外に出るのは、濃いめの生酛《きもと》で温まってから。

冬

1杯目……**香り高いしぼりたて**

「今年もいい酒ができた」なんて言いつつ、新酒を。

2杯目……**本醸造系**

何にでも合う本醸造。刺身からおせちまで。

3杯目……**骨格のしっかりした純米酒**

脂の乗ったブリ、プリプリのカニと合わせると吉！

4杯目……**濃厚な生酛の上燗**

醤油を使った煮物がマッチします。

5杯目……**とろみのある熟成酒**

食後酒としてゆっくり飲んでもいいですね。

……なんだか、いますぐ飲みにいきたくなっちゃいました。

③ 宅飲み編

家で飲む日本酒は、「買ってはいけない」を避けることから

雰囲気のいいお店で飲む日本酒はもちろん、家でゆっくり、1人でテレビを見たり誰かと語らいながら飲む日本酒もまた格別です。日本酒は、ごく普段の夕食にもマッチする……いや、普段の食事をもっとおいしくしてくれるお酒。焼き魚やおひたし、肉じゃがにワインは合いませんからね。

ということで、宅飲み用の日本酒の選び方をご紹介していきましょう。

日本酒はお店によって品揃えがまったく違います。コンビニや小さなスーパーでは、ま

だまだ申し訳程度に「酔えればいい」系の日本酒しか置いていないほうが多いのが実情。

ですから、できるかぎりお酒選びのプロがいる酒屋を探し、足を運んでください。昔ながらの街の酒屋や大手スーパーが運営しているリカーショップなど、お酒選びを相談できる人がいて、かつ品揃えのいいお店が理想的です。そして、店員さんに175ページの「自分が好きな日本酒のタイプ」を伝えればOK。お店と同じですね。

ただし、日本酒に詳しい店員さんがいないお店では「買ってはいけないもの」を避け、「大失敗」を防ぐことが大切です。

◉ラベルに「米の名前」が大きく書いてあるお酒はダウト

まず、1000円前後の日本酒を買うなら、**造りとコストが見合っていない「純米大吟醸」「大吟醸」は買わないほうが吉。**あえて精米歩合が高くないものを選ぶという、ツウな戦略をとりましょう。

また、**「ラベルに米の名前をでかでかと掲げているお酒」もアウト。**米頼みということは、造りにこだわっていない可能性が高いからです。それよりは、お米の名前はわからずとも「生酛造り本醸造熟成生原酒」と長い名前で「おらが自慢の造り」をアピールしているほうが信頼できるんですね。あと（これはやや偏見も入っていますが）、とくに「山田錦」推しは「山田錦って言っておけばいいんでしょ！」感があります。

もうひとつ、**「値段の安い灘・伏見のお酒は避けるべし」**。日本酒の名産地である灘（兵庫）と伏見（京都）は、ワインにおけるフランスのような場所。それよりは、たとえば北陸や東北の普通酒を選んだほうが、コストパフォーマンスがいいのです（「吉乃川《よしのがわ》」など）。

最後に、今日はどうしても酒屋に行けそうにないという日のために、これならまず失敗はない、とオススメでき、かつスーパーとコンビニでもよく見かける3銘柄をご紹介しておきましょう。

迷ったら「**八海山**《はっかいさん》」「**吉乃川**《よしのがわ》」「**玉乃光**《たまのひかり》」です！

◉ 賞は、ワイン以上に気にしなくていい

酒屋に行くと、ワインと同じく「○○賞受賞」と書かれた日本酒を目にしますよね。でも、日本酒の賞は、ワイン以上に無視して構わない要素です。

なぜか？ **日本酒の賞レースは、F1レースのようなものだからです。**杜氏の技術を競う会、「玄人による腕試しの場」なんですね。

いくらサーキットで速く走れても、公道では乗り心地が悪いし、すぐに飽きてしまいます。それよりプリウスやデミオ、高級路線でもレクサスといった、みんなが楽しく安全に乗れるように設計された車に乗りたいですよね。

日本酒も同じで、杜氏の腕を競う味と、市販のお酒では目指すところがまったく違います。言ってしまえば、賞レースは「米からここまでフルーティな香りが出るよ！」というウルトラCを競う大会なんです。食事と合わせるのであれば、むしろ「○○賞」は避けたほうがいいとも言えるでしょう。

また、ワインと同様、玄人向け以外の賞もどんどん増えてきています。なかにはきちん

とした賞もあるのでしょうが、とにかく「○○選評会金賞!」などの文字が躍りまくる売り場では、その価値が判断できません。思い切って、無視しましょう。

◉めんどくさがりのための日本酒おつまみガイド

春夏秋冬コース（218ページ）に出てきたような食事は、ワインのコースと違って基本的に家でつくれるような食事です。お刺身を買ってきたり、魚を焼いたり。煮物だって家庭の味でしょう? やっぱり日本酒の場合、普通の家庭料理がいいおつまみになるんです。

でも、食事をつくるのが面倒なときだってありますよね。そんなときは、少し高級な缶詰（ししゃもや豚の角煮、ホタテなど）を活用しましょう。「缶つまレストラン」（国分グループ）のように、普通の缶詰より100円、200円高いけれど味にこだわっている缶詰は、お皿に移すだけでそれらしくなります（温めれば缶詰だってバレません!）。コンビニで調達できるのも便利です。

また、**チーズを日本酒に合わせるなら、ミモレットがダントツで合います。**

そうそう、米つながりでお煎餅系もいいですね。「柿ピー」を生み出した亀田製菓、「ばかうけ」でおなじみ栗山米菓、「チーズおかき」が有名なブルボンは、すべて米どころ・新潟の企業。新潟の日本酒と合わせてみてはいかがでしょうか?

Points!

- 「1000円前後の大吟醸系」「米の種類がラベルに大きく書いてあるお酒」「安い灘・伏見のお酒」は買ってはいけない
- 迷ったら「八海山《はっかいさん》」「吉乃川《よしのがわ》」「玉乃光《たまのひかり》」
- ミモレットは日本酒と合う

酒匠・山口オススメ！
「ハズさない名蔵元」リスト

好きな「造り」もわかったし、似たようなお酒も試した。たまには、もっと違った切り口からお酒を選んでみたい！　そんな方のために、最後に山口オススメの、ストーリーのある名蔵元をいくつかご紹介しておきましょう。

◉ 若い造り手の日本酒が飲みたい！

①宝《たから》山《やま》酒造　代表銘柄「宝山」
新潟県新潟市

「杜氏人生一筋」の功績が認められ、黄綬褒章《おうじゅほうしょう》を授賞した名杜氏・青柳長市氏が醸す新潟の小さな銘醸です。そのバトンは、東京農大醸造学科を卒業し、他の蔵での修業を終えた次期蔵元・渡邉桂太氏へと引き継がれている最中。昔ながらの伝統的な造りを大事にするなかで、修業を終えた若者がどんな新しい風を吹き込めるか。近い将来が楽しみな蔵元です。

②新政《あらまさ》酒造　代表銘柄「No.6《ナンバーシックス》」
秋田県秋田市

通称「No.6」や「ラピス」「エクリュ」など、ラベルがオシャレで飲み口が優しく、女性にも人気の銘柄が多い新政。現在30代後半の造り手（東京大学卒！）になってから蔵を改変し、新政酒造が発祥の酵母、六号酵母を復活させてすべて純米酒に変えました。「No.6」の6は「六号酵母」の6ですね。

◉ 地元の米や酵母を使う、
こだわりの「地酒」が飲みたい！

③渡辺《わたなべ》酒造店　代表銘柄「根《ね》知《ち》男山《おとこやま》」
新潟県糸魚川市

本書では米が日本酒に与える影響は大きくないと書きましたし、実際多くの場合そうなのですが、この渡辺酒造店は原料となる米づくりに徹底してこだわり、品種やヴィンテージごとの違いを明確に表現できている、数少ない蔵元です。こういう日本酒が増えれば、世界での日本酒の評価は一層上がっていくはずです！

④尾畑《おばた》酒造　代表銘柄「真野鶴《まのづる》」
新潟県佐渡市

佐渡の地元の風土を大事にしつつも、新酵母の採用や海外への情報発信など革新的な試みを続ける名蔵元です。なかでも、廃校になってしまった「日本一夕日が美しい」といわれる小学校を醸造施設に改築した「佐渡の学校蔵プロジェクト」は、まったく新しい酒造りの舞台として注目されています。

---

⑤富美菊《ふみぎく》酒造　代表銘柄「羽根屋《はねや》」
富山県富山市

「すべてのお酒を大吟醸と同じように醸す」をコンセプトに、妥協のない酒造りを続けています。その味わいを一口確かめてもらえれば、ひとつひとつの手作業が大切にされていることが、きっと伝わるはず。日本酒は冬場だけ仕込む「寒造《づく》り」が一般的なのですが、この蔵では1年中酒づくりができる「四季醸造」を実現しました。作業を四季に分散させているからこそ、ひとつひとつのお酒を無理なく丁寧に仕込むことができるのでしょう。

◉「旨味」の強い日本酒が飲みたい！

⑥美川《みかわ》酒造場　代表銘柄「舞美人《まいびじん》」
福井県福井市

すべてのお酒を、いまでは見かけることの少なくなった昔ながらの「和釜《わがま》」で蒸し、伝統の「木槽《きぶね》」で搾ることにこだわる蔵元です。しっかりと旨味の酸が出るため、好き嫌いがはっきりと分かれますが、一度このお酒の魅力にはまると他のお酒が物足りなく感じる「ヤミツキ感」があります。

◉山口の「個人的オススメ」を飲みたい！

⑦村祐《むらゆう》酒造　代表銘柄「村祐《むらゆう》」
新潟県新潟市

山口一押しです！「何も先入観を持たずにお酒を楽しんでほしい」という思いから、原料米、精米歩合、分析値などを一切非公開にしている蔵元。精米歩合が非公開のため、「特定名称」を名乗ることはできませんが、それでもあえて味だけで勝負したい、という強いポリシーをもってお酒づくりに励んでいます。とくにバランスのとれた無濾過生原酒は、ぜひ一度試していただきたい逸品です。

おいしい日本酒の選び方まとめ

② 店飲み編

1　好きな造りを見つける

卵焼きと3時のおやつは何が好き？→173P

2　自分で選ぶor店員さんにオススメを聞く

（以下の175Pの結果より）
「○○とか好きなんですが何がいいですか？」

あなたの好みの日本酒

❶「無濾過生原酒《むろかなまげんしゅ》」
❷「すっきりした生酛《きもと》・山廃《やまはい》」
❸「熟成した生酛《きもと》・山廃《やまはい》」
❹「（純米でも原酒でもない）吟醸《ぎんじょう》」
❺「本醸造《ほんじょうぞう》系」
❻「すっきりとした純米《じゅんまい》」
❼「甘口の無濾過《むろか》の生《なま》（原酒《げんしゅ》も含む）」
❽「日本酒度《にほんしゅど》がマイナスの純米酒《じゅんまいしゅ》」
❾「とろみのある熟成酒《じゅくせいしゅ》」

3 慣れてきたら……

A:モデルルートに挑戦
B:山口オススメを試す→226P
C:隣りのものを試す（下図より）

旨味弱い ←→ 旨味強い

本醸造	吟醸	純米	日本酒度がマイナスの純米酒	無濾過生	すっきりした生酛	熟成した生酛	とろみのある熟成酒

③
宅飲み編

● 酒屋

→右ページ 2 と同じ

● スーパー・コンビニ

1:ラベルに米の名前が大きく書いてあるお酒
2:1000円前後の大吟醸系
3:値段の安い灘・伏見のお酒

↓

NG!

迷ったら、「八海山」「吉乃川」「玉乃光」が正解！

第3章

おいしいカクテルの選び方

Cocktail

なんとなく行きたい、でもいつまでも行けない

◉バーの基本は「ノールール」

おいしいワインや日本酒をお店で飲んだあと、なんだかもう1杯飲みたい。でも、お腹はいっぱいだし、ちょっと趣向を変えてほかのお酒が飲みたい気分——。

そんなときは、バーに行ってみませんか？

お酒を楽しみながら、友人や恋人とゆっくり会話を楽しんだり、店内に流れる音楽を堪能したり、バーテンダーとおしゃべりに花を咲かせたり。ときには隣の席の人と意気投合するなど、出会いの場になることも多い場所。学生はちょっと足が向かない、お酒を楽しむ大人にとっての**「その日の終着駅」がバーです。**

でも、僕が友人と飲んでいるときに2軒目、3軒目にバーに行こうと提案すると、渋ら

れることが多々あります。

バーに連れて行ってもらえるのは、うれしい。けれど、店内は薄暗いし、バーテンダーを前にオーダーでおどおどしないか不安だしで、なんだかちょっとハードルが高い……。

彼らは、そんなふうに感じているようです。

わかります。僕は10代のとき、その大人っぽさに惹かれてバーテンダーになりました。バーは大人っぽいからかっこいい、でも大人っぽいから、ちょっと行きづらい……。

でも、バーは決して堅苦しい場所ではないんです。自分の経験から言えるのは、バーテンダーは単に「かっこいい」が好きなだけだということ。だから、自分の一挙手一投足に気をつけるし、お店の雰囲気だってかっこよくもします。でも、もちろんお客様には丁寧に心を砕く。

「かっこよくしたい」が結果的に、「ハードルが高い」と思わせてしまっているのかもしれませんが、一番基本にあるのは「よろこんでもらいたい」なんです。

バーテンダーと話すのもよし、「話しかけるな」オーラを出すもよし。オリジナルカクテルをつくってもらうもよし、バーテンダーにいろいろ教えてもらうもよし。もちろん、ビールでも、ウイスキーでも、カクテルでも好きなものを飲めばいい。**バーはお酒を楽しむことが唯一の条件の、どこよりも自由な場所なんです。**

また、わざと入りづらい雰囲気を醸し出しているオーセンティックな（本物感のある）バーもありますが、そこは大人のたしなみとして、落ち着いた雰囲気を含めてお酒を楽しみに行くところ。居酒屋のようににぎやかにお酒を楽しみたい人がどやどやと入ってきたら、せっかくの雰囲気がぶちこわしになってしまうでしょう？　だから、あえてちょっとだけ入りづらくして、なかにいる人が心地よく過ごせるような環境にしているんです。バーの世界では、よく「**入りづらいお店のほうが、入ってしまえば落ち着く場所になる**」と言われるのですが、まさに至言ですね。

◉ なぜ、バーに通う人は1杯1000円のカクテルを喜んで頼むのか？

「でも、わざわざ居酒屋でも飲めるカクテルをバーで飲む理由って何だろう？　カクテルなんて、どこで飲んだって一緒じゃないの？」

もしかしたらいま、そんな疑問を抱いている人もいるかもしれません。どうして居酒屋なら500円で飲めるのに、バーに通う人は1杯1000円前後（ものによりますが）のカクテルを喜んで飲むんだろう、と。

そんな方に僕がまず伝えたいのは、**「学生時代に飲んだカクテルは忘れてほしい」ということです。**

カルーアミルク、カシスオレンジ、ジントニック、スプモーニ……。あえて言い切ってしまいますが、学生御用達居酒屋の飲み放題メニューやカラオケのメニューにあるカクテルは、カクテルではありません。いわば、「お酒を混ぜた飲み物」です。楽譜どおりにピアノを弾いても、習い始めたばかりの小学生と世界的なピアニストでは、まったく違う曲に聞こえますよね？　あれと同じで、同じレシピでつくっても、つくり手の腕によってまったくの別物になるのがカクテルなんです。

とくに、**飲み放題メニューに載っているようなスタンダードなカクテルほど、つくり手によって味は変わります。**最高においしくも最高にまずくもなるから、その価格もピンからキリまでになるわけです。カリスマ美容師と見習い美容師の料金が違うようなもので、「技術料」だと思ってください。もちろん「高けりゃいい」というわけではありませんが、バーの値段にはそれだけの意味があります。

とくに、「カルーアミルクやカンパリオレンジなんて、おこちゃまの飲み物じゃん」と思っている方。本物のバーテンダーによる本気のカクテルを、ぜひ一度味わってほしいと思います。

「バーは自由な場所だし、本物のカクテルはおいしい」。そうわかっていても、まだバーという場所に心理的ハードルを感じる人もいるでしょう。常連のなかに入っていけなかったらどうしよう。スマートに振る舞えないと恥ずかしい。バーテンダーに値踏みされるんじゃないか……。

そんなふうに萎縮してしまう人は僕の友人にも多いわけですが、往々にして

①正しいマナーがわからない

②何を頼めばいいのかわからない

の2つのポイントでつまずいているようです。逆に言えば、この2点さえクリアすれば、バーがもっと身近なもの、「**ちょっと今日は時間あるし、バーに行ってみようかな**」と思える場所になるはずです。

本章ではまず、バーでとるべきマナーや、バーテンダーと話すときにあたふたせずに済むカクテルの基本のキをご説明します。もちろん「カクテルの名前と材料を100種類覚えよう」といった筋トレ的なお勉強はしません。そもそも、カシスオレンジのカシス、カンパリオレンジのカンパリといったように、有名なものだけでもリキュール（カクテルのベースとなるお酒）は星の数ほどあります。プロのバーテンダーを目指すのでもないかぎり、**カクテルやリキュールを片っ端から覚えていくやり方は、無理だし、意味がないんです。**

ですから、元バーテンダーとして「これを知っときゃ間違いない！」とオススメできるカクテルを厳選してご紹介します。まずは、「どのバーに入っても最初はこれを頼む」という、自分のスタンダードを決める。慣れてきたら、オリジナルカクテルをつくってもらってもいいでしょう。そのオーダーの仕方もあわせてご紹介します。

◉いまさら聞けない！　マナーにまつわる7つの疑問

自由な場だけあって、あまり「これをやったらNG」がないのがバー。それでも、新しく行き始めたお店では、ちょっとしたことが気になりますよね。でも、「ちょっとしたこと」こそ、いまさら人に聞けないもの。ここでは、みなさんが陥りがちな7つの「これってマナー的にどうなの？」を潰していきましょう。あとは堂々としていれば、すぐにバーの雰囲気に馴染めるはずです。

（疑問1）メニューが出てこないときはどうすればいいの？

↓最近はほとんどのお店がメニューを置いていますが、ちょっと高級感を演出しているバーだと用意がないことも。メニューがないと、値段を書いていないお寿司屋さんみたいでドキドキしますよね。ちなみに「メニューありますか?」と聞いて「ない」と言われるのはかなり恥ずかしい……という方が多いので、出されなければ「ああ、メニューはないんだな」と受け入れたほうがいいかもしれません。

メニューがないときは、この後にご紹介するカクテルからなにか選ぶか、バーテンダーとコミュニケーションを取って好みのカクテルをつくってもらいましょう。バーテンダーの後ろ(バックバー)に並んでいる瓶のなかから気になるものを指さして、「あれは何ですか?」でもOKです。

「バーはお酒に詳しい人が来るところで、いろいろ聞いちゃダメなところ」と思っている人が多いのですが、そんなことはありません! バーは好きなお酒を飲むところであり、バーテンダーとの会話のなかからいろいろなカクテルとの出会いを楽しむところなんです。

（疑問2）ビールって飲んでいいの？　カクテルを飲まなきゃダメ？

↓まったく問題ありません！　むしろ、複数人でいらっしゃったときの乾杯はビールのほうがありがたいのがホンネ。乾杯のお酒にそれぞれ違うカクテルを頼まれるとどうしても最初と最後につくったもので提供するまでに時間差が生まれ、つくりたてを飲んでいただけなくなってしまうのです。

（疑問3）どんな順番で飲むのがセオリー？

↓バーも、ワインや日本酒の「軽↓重」と同じように、アルコール度数は「低↓高」の流れが基本となります。また、甘いもの、重いものも最後のほうがいいでしょう。

たとえば、女性に人気のカクテル、グラスホッパー（カカオリキュール&生クリーム&ペパーミント・グリーンの甘いカクテル）は、アルコール度数が強いうえに味はチョコミント的。アルコール度数が低いファジー・ネーブル（ペシェ〈桃〉リキュール&オレンジジュース）のようなカクテルの前に飲むには、パンチがありすぎます。

とはいえ、グラスホッパーのようによほど個性的でなければ、そこまで度数や味の順番にこだわる必要はありません。「あえて軽めのカクテルに戻りましたけどなにか？」みたいな顔をしていればいいんです。

（疑問4）カクテルに乗っているサクランボやパイナップルは食べてもいい？

→基本的に、ピンで刺さっているものは食べていいものです。ピンに刺さっていないものは飾りとしての要素が大きいのですが、提供されている時点で食べてマナー違反ということはありません。ちなみに、カクテルに乗っているサクランボはマラスキーノ・チェリーという、種を抜いて砂糖漬けされたもの。ぱさぱさしていてあまりおいしくないので、僕は食べません。

パイナップルなどカクテルに入っているフルーツは、普通に食べてOK。皮の後始末に困るところですが、普通のバーであればお皿を出してくれます（出してくれないようであれば、カウンターの上に直置きしても構いません)。

(疑問5)オリーブの種はどこに出せばいい?

→バーでは種を抜き、そこにパプリカを詰めたスタッフド・オリーブを使うことが多いですが、ときどき種が入っているオリーブが出ることも。さりげない顔をして口から出し、種入れのお皿があればその上に、なければパイナップルの皮と同じくテーブルの上に置きましょう。

(疑問6)1杯につき、どれくらいで飲み終わるべき?

→ショートカクテルは長くても10分、ロングカクテルは20分以内です。もともと「ショート」と「ロング」は、グラスの長さではなく飲みきるまでの時間を指しています。氷が入っていないショートカクテルは温度がどんどん上がっていってしまうので、できるだけつくりたてを飲んでほしい。ロングカクテルは氷が入っているので、多少ゆっくり飲んでも構わない、というわけです（いかに氷が溶けにくいようにつくるかも、バーテンダーの腕の見せ所です）。ショートカクテルのほうがアルコール度数が高く、くいっと飲むイメージですね。一方のロングは、基本的にあまりアルコール度数が高くありません。どちらを選ぶかは、自分のお酒の強さとそのときの気分に合わせてみてください。

ロングカクテル

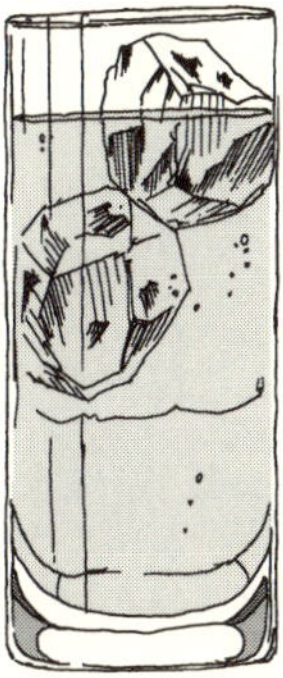

・20分で飲みきるのが目安。
・度数は低めで、
　じっくり飲む感じ。

ショートカクテル

・10分で飲みきるのが目安。
・度数が高く、
　くいっと飲む感じ。

（疑問7）憧れの「私のイメージでカクテルをつくってください」……やってもいい？

→もちろんバーテンダーとして、言われればやります。が、とくにまだ個人的な情報を知らないお客さんは、結局その日のファッションや髪の色などで判断することになるため、正直あまりいい出会いにならないオーダー・ナンバーワンです（全員グレーの背広を着た男性グループのみなさん、間違ってもこのオーダーはしないであげてください！）。それより**「フルーツを使った、サッパリしたカクテルをつくってほしいんですけど……」**と具体的なオーダーに舵を切ったほうが、お互いにハッピーだと思います。

オリジナルカクテルをオーダーするポイントは、まず、お店にある可能性が高い「旬のフルーツ」を挙げること。たとえば「キウイを使ったカクテルをお願いします」と振れば、バーテンダーも「お酒はお強いですか？」とか（ロングかショートか決めるためです）、「スピリッツ（後述します）の好みはありますか？」と聞いてきます。コミュニケーションを取りながら、2人でお酒の形を決めていきましょう。はじめに「今日、生の果物は何がありますか？」と聞いてみるのもいいですね。

旬の果物

春……いちご、キウイなど
夏……スイカ、マンゴー、メロン、パイン、桃など
秋……ブドウ、ナシなど
冬……キウイ、みかんなど

Points!

- メニューが出てこなければ「メニュー無しのお店」だと考える
- カクテルについてくるオリーブやフルーツは食べても食べなくてもいい
- ショートカクテルは10分、ロングカクテルは20分で飲むのが目安

おいしいカクテルの「頼み方」

◉ 4つのスピリッツを知っておけば、あたふたすることはない

いざバーにうっかり入り、「何になさいますか?」と聞かれてあたふたと慌ててしまわないよう、バーに入るときは「飲みたいカクテル」のカードをいくつか持っておくと安心です。最低でもカードを1枚持っていれば、いかにも重厚そうな扉でも胸を張ってくぐれそうでしょう?　2杯目以降は、バーテンダーと打ち解けつつ、決めていけばいいのです。念のため、心配性な方に向けて2枚目、3枚目のカードもお渡ししておきましょうね。

さて、定番のカードをご提案する前に、カクテルの基本、スピリッツについて押さえたいと思います。

スピリッツとは、アルコール度数が高い蒸留酒のこと。**4大スピリッツは、「ジン」「ウオッカ」「ラム」「テキーラ」**です。基本的にカクテルはこの4種類がベースとなっていて、その次の階層にリキュールベースのカクテルがある、と考えてください。

なぜこのスピリッツをはじめに押さえるべきかというと、ただ基本のキだからではありません。

「ジン or ウォッカ or ラム or テキーラ」

×

「ショートカクテル or ロングカクテル」

を指定してニッコリ笑うだけで、オーダーになるからです。「ラムのショートカクテルで、なにかオススメを」「ジンのロングカクテルを頼みたいんですが……」といった感じですね。

「ラムはどの銘柄がいいですか？」とバーテンダーに詳しく突っ込まれそうになったら、**「お任せで」とさらにニッコリ笑いましょう。**そう、たった4種類のスピリッツを知っているだけで、あたふたせずに済むんです！

ただし、4つのスピリッツのなかでもテキーラはバーテンダーにとって扱いがむずかしく、またお客さんとしても好みが分かれやすいお酒です。ですから、ひとまず初心者の方は「テキーラ」は置いておいて、「ジン」「ウォッカ」「ラム」の3つのスピリッツに絞ったほうが、おいしいカクテルに出会える確率が高くなるでしょう。

また、スピリッツのなかでウォッカはもっとも純粋なアルコールに近く、ニュートラルな味。相性が悪い組み合わせはありません。「ウォッカでスッキリしたロングカクテルを」「ウォッカでフルーツを使ったカクテルを」など適当にオーダーしても、だいたいおいしいカクテルが出てきます。

◉厳選！「男女別」×「お酒の強さ別」定番カクテルトップ3

星の数ほどあるカクテルですが、ここでは手持ちのカードとして持っておくと便利なカクテルを、男女ごと、ショートとロングごとに3つにあえて絞ってご紹介していきたいと思います。僕がそれぞれ3種類しかメニューに載せられないなら何を選ぶか、が基準になっているため、スピリッツをベースにしていないカクテルもいくつかあります。

ショート男性

【マティーニ】……ジンベース。「カクテルの王様」とも呼ばれ、バーテンダーの肌感覚として頼む人がもっとも多いカクテルです。ただし、ヴェルモットという香草をつけ込んだワインを使うため好みが分かれますし、決して初心者向きというわけではありません。

【ギムレット】……こちらもジンベース。超有名な「マティーニ」に知名度はやや劣るものの、初心者にはまず飲みやすいこちらをオススメします。ジンとライムのみというシンプルなレシピ。

【マルガリータ】……テキーラベース。ピザのおかげで名前がとおっているからか、頼まれることが多いカクテルです。テキーラとグラスのふちについた塩の相性が抜群！　たまに聞かれるのですが、ふちについた塩はすべてなめる必要はありません。

ロング男性

【ジントニック】……ジンのトニックウォーター割りです。ジントニックを頼むとおそらく「ジンは何かご指定はありますか？」という質問が飛んでくるので、とくに希望がなければ「ボンベイ・サファイアで」と答えればいいでしょう。バブルのころに流行った銘柄ですが、1周回ってオシャレな感じがします。もちろん、「お任せで」でも構いません（正直、ジンの銘柄による味の違いは、通い慣れていない段階だとほとんどわかりません。バーテンダーもあくまでよりお客様の希望に沿えるように聞くだけですから、指定しなければいけないというわけではないんです）。

【モスコミュール】……ウォッカベース。ジンジャエールとライムジュースのカクテルで、ウォッカベースのなかではもっとも飲みやすいでしょう。銅製のマグカップで出してくれるお店は、ハナマル。期待大です。

【シンガポール・スリング】……ジンベース。その名のとおりシンガポールで生まれました。材料が多く手間がかかるためバーテンダーのレベルによって味が異なりますが、甘くて口あたりのいいカクテルです。

ショート女性

【アレキサンダー】……ブランデーベース。生クリームにカカオリキュールと、デザートの要素満載です。こちらが好きならベースをグリーン・ペパーミントにしたグラスホッパーもハマるはず。

【ホワイト・レディ】……ジンベース。オレンジのリキュール、レモンジュースと柑橘系の香りが心地よい、うすにごりのカクテルです。あんまり甘いのはちょっと、という方はこちらを。これでも甘いと感じるようなら「ショート男性」から選んでみてください。

【青い珊瑚礁】……ジンベース。グリーンペパーミントの緑に赤いチェリーが映える美しいカクテル。日本生まれのカクテルとしては珍しくスタンダード・カクテルとして定着しています。

ロング女性

【スプモーニ】……カンパリ（リキュール）ベース。グレープフルーツジュースにトニックウォーターと、爽快な飲み口です。学生御用達居酒屋で飲むと悲しい気持ちになるけれど、バーで飲むとおいしい典型的な「大人になってからリベンジしたいカクテル」です。

【ガルフ・ストリーム】……ウォッカベース。シェーカーは振るのにロングという、変わったカクテルです。ピーチリキュールやグレープフルーツジュース、パイナップルジュースとトロピカルな味で、誰がつくってもそれなりにおいしくなります。青色がキレイ！甘さも適度なので、デートで男性が女性に頼んであげたりすることも多いですね。

【ラム・コーク】（別名キューバ・リバー）……ラムのコーラ割りです。ラムはお菓子にも使われるので、女性にもなじみがあるのではないでしょうか。甘くて飲みやすく、あまりお酒を飲まない人でも抵抗なく飲めるでしょう。

◉はじめてのウイスキー実践ガイド

ウイスキーは、言ってしまえば「いい大人の趣味」みたいなものです。「オンザロックの溶けた氷がウイスキーと混ざっていくなかで、いちばんおいしい瞬間を探す」といったツウっぽい楽しみ方もあり、愛好家も多い。とにかく奥が深く、一度ハマったら抜け出せない「沼」のようなものです。

でも、それはあくまで玄人の楽しみ方。複雑なことはわからなくても、おいしく飲んで、自分が楽しみたいように楽しめばいいんです。ここではウイスキーをバーで飲むための「入り口に立つ」ことを目指し、深いウイスキーの世界のほんの浅瀬の部分だけお話ししたいと思います。

まず、基本的なカクテルと同じく、**バーテンダーの腕によってまったく味が違うのが、ウイスキーの水割り。**意外かもしれませんが、バーテンダーになるための修業ではひたすら水割りの練習をさせられるんです。ただ混ぜるだけではない、「本物の水割り」は格別です。

「ウイスキーの水割りをください」とオーダーするとたいてい銘柄を聞かれますが、**水割りならサントリー「山崎」がベストです。**水割りのために生まれたウイスキーですから、間違いありません。

また、「角ハイ」ブームから身近になったハイボールは、せっかくなので変化球を楽しみましょう。いつもと同じソーダ割りに飽きてきたら、「**カナディアン・ウイスキー**（＝

カナダ産ウイスキー）のコーラ割りで。あ、レモンを搾ってください！」。ぜひ、このセリフのままオーダーしてみてください。なぜかバーテンダーはこの飲み方が好きな人が多く、僕も飲み疲れたときはいつもこれに落ち着きます。

ハイボールや水割りを試すなかで、だんだん「ウイスキーそのものの味を楽しみたい！」という欲が出る瞬間がきっとあると思います。「いままで割ってばかりだったけど、そろそろロックで飲んでみようかな……」とウズウズしてきたら、やはり口あたりが軽いカナディアン・ウイスキーあたり（カナディアン・クラブという銘柄ならほぼすべてのバーにあるはずです）がオススメです。初心者の方が苦手なウイスキー独特のクセが抑えてあります。

また、「**竹鶴**」**（ニッカウヰスキー）や**「**響**」**（サントリー）に代表されるようなジャパニーズウイスキーは、レベルが高い！**　世界の名だたる銘柄と比べてもおいしいので、「オンザロック」「ハーフロック（ウイスキーと水やソーダを1：1で割る飲み方）で」と頼んでみてください。

実際にバーに行ってみると「選択肢が多すぎてバーテンダーに何をどう伝えたらいいやら……」というシーンもあるかもしれません。そんなときのために、ざっくりオススメ銘柄を書いてみました。

初心者＝カナディアン・クラブ（飲みやすさナンバーワン！）
中級者＝山崎、マッカラン（マッカランはスコッチ、スコットランドのウイスキーです）
上級者＝ボウモア、ラフロイグ（「ヨードチンキ」にもたとえられる、独特の香りを持つスコッチで、アイラ系と呼ばれます。チーズにおけるブルーチーズのようなもので、いきなりのトライはオススメしません）

ウイスキーは、はじめの一歩がなかなか踏み出せないものです。少しでも興味があるのであれば、まずは自分好みの銘柄を見つけるところから始めてみてはいかがでしょうか？
同じ銘柄でも飲み方によって全然味や香りが違うことに気づいたら、ウイスキーにハマったも同然。バーに行くのが俄然楽しくなります。

ワインや日本酒は食事を楽しむためのものですが、バーで飲むカクテルやウイスキーは「時間」を楽しむためのもの。ひとりで行くもよし、仲間と行くもよし。思い切って、扉をたたいてみてください。人生に、ひとつ楽しみが増えますよ！

Points!

- **「スピリッツ」×「ショート or ロング」さえ決めればオーダーになる**
- **ウォッカは無難。テキーラは好みが分かれるので初心者向きではない**
- **ウイスキーの水割りなら、サントリー「山崎」がベスト！**

あとがき

「若者の酒ばなれ」が叫ばれるようになって、しばらく経ちました。

たしかに、若者が毎日のように居酒屋でお酒を飲む時代ではなくなったかもしれません。

その一方、ふとお酒のイベントやスタイリッシュな立ち飲み屋さんに立ち寄ってみれば、毎晩のように若者であふれています。


若者が「酒ばなれ」してしまっているのは、お酒が「酔えればよいもの」から、「楽しい体験をするもの」に変わっただけのことなんじゃないか？

それなのに、お酒の楽しさを味わってもらえるような努力を、まだまだ僕たちは怠ってきたんじゃないのか？

そんな思いのもと、むずかしいウンチクをできるだけ排除して、「知る」ためではなく、「楽しむ」ためのお酒入門書をつくろうと、この本を書き始めました。

お酒は嗜好品です。嗜好品だからこそ、人それぞれに好き嫌いがあるのは当然。あなたにとって最高のお酒は、僕にとっても最高のお酒だとはかぎりません。誰にとっても最高のお酒がもし存在してしまったら、世界中の酒はその1種類だけしか必要なくなってしまう。そんな世界は、きっとつまらないでしょう。だから何も恥ずかしがることなく、人に合わせることなく、自分の好きな物を好きと言ってほしい。この本を読んでそんな勇気を持ってもらえたのならば、著者としてとってもうれしく思います。

お酒選びのために必要なシンプルなルールをみんなが理解していて、楽しい生活のひとときには当たり前のようにお酒がある。そんな世界が、どんどん広がっていきますように!

最後にこの本を執筆するきっかけをつくっていただいた山口奈緒子さん、女性目線でのお酒の表現や感じ方に関して適切な助言をいただいた佐藤真貴子さん、編集で多大なご協力をいただいたbatonsの田中裕子さん、ディスカヴァー・トゥエンティワンの井上慎平さんに心よりお礼を申し上げます。どなたが欠けても、この本を書ききることはできませんでした。

そして、いつも笑顔を絶やさずに迎えてくれる最愛の妻と息子に感謝の意を表し、いつか息子が酒を飲めるようになったとき、この国の酒文化がより豊かになっていることを願いつつ、結びの言葉としたいと思います。

2016年6月　山口直樹

本書に登場する表やチャートは
こちらにまとまっています。
友だちに送ったり、
SNSへアップしたりするのも
大歓迎！
スマホに入れて持ち運ぼう！

#おいしいお酒の選び方

ディスカヴァー携書
169

世界で一番わかりやすい
おいしいお酒の選び方

発行日　2016年7月15日　第1刷
　　　　2016年8月25日　第4刷

Author　山口直樹

Book Designer　桑山慧人（prigraphics）
Illustrator　えすとえむ（キャラクター）＋桑山慧人（その他）

Publication　株式会社ディスカヴァー・トゥエンティワン
〒102-0093　東京都千代田区平河町2-16-1 平河町森タワー11F
TEL　03-3237-8321（代表）
FAX　03-3237-8323
http://www.d21.co.jp

Publisher　干場弓子
Editor　井上慎平（編集協力　田中裕子〈batons〉）

Marketing Group
Staff　小田孝文　中澤泰宏　吉澤道子　井筒浩　小関勝則　千葉潤子
飯田智樹　佐藤昌幸　谷口奈緒美　山中麻吏　西川なつか　古矢薫
原大士　郭迪　松原史与志　中村郁子　蛯原昇　安永智洋　鍋田匠伴
榊原僚　佐竹祐哉　廣内悠理　伊東佑真　梅本翔太　奥田千晶
田中姫菜　橋本莉奈　川島理　倉田華　牧野類　渡辺基志　庄司知世
谷中卓
Assistant Staff　俵敬子　町田加奈子　丸山香織　小林里美　井澤徳子　藤井多穂子
藤井かおり　葛目美枝子　伊藤香　常徳すみ　イエン・サムハマ
鈴木洋子　松下史　永井明日佳　片桐麻季　板野千広　阿部純子
岩上幸子　山浦和

Operation Group
Staff　松尾幸政　田中亜紀　福永友紀　杉田彰子　安達情未

Productive Group
Staff　藤田浩芳　千葉正幸　原典宏　林秀樹　三谷祐一　石橋和佳
大山聡子　大竹朝子　堀部直人　林拓馬　塔下太朗　松石悠
木下智尋　鄧佩妍　李瑋玲

Proofreader　鷗来堂
DTP　朝日メディアインターナショナル株式会社
Printing　共同印刷株式会社

ISBN978-4-7993-1924-6

携書ロゴ：長坂勇司